国家出版基金项目
NATIONAL PUBLICATION FOUNDATION

·中国海洋产业研究丛书·

侍茂崇 主编

SERIAL BOOKS OF RESEARCH ON CHINA'S MARINE INDUSTRY

海洋运输产业

发展现状与前景研究

侍茂崇 ◎ 编著

SPM
南方出版传媒
广东经济出版社
·广 州·

图书在版编目（CIP）数据

海洋运输产业发展现状与前景研究／侍茂崇编著．—广州：广东经济出版社，2018．5

ISBN 978－7－5454－6182－4

Ⅰ．①海…　Ⅱ．①侍…　Ⅲ．①海上运输－产业发展－研究－中国Ⅳ．①F552．3

中国版本图书馆 CIP 数据核字（2018）第 058815 号

出 版 人：李　鹏
责任编辑：张麒翔　周　晶
责任技编：许伟斌
装帧设计：介　桑

海洋运输产业发展现状与前景研究
HaiYang YunShu ChanYe FaZhan XianZhuang Yu QianJing YanJiu

出版发行	广东经济出版社（广州市环市东路水荫路 11 号 11～12 楼）
经销	全国新华书店
印刷	广州市岭美彩印有限公司 （广州市荔湾区花地大道南海南工商贸易区 A 幢）
开本	730 毫米×1020 毫米　1/16
印张	13
字数	219 000 字
版次	2018 年 5 月第 1 版
印次	2018 年 5 月第 1 次
书号	ISBN 978－7－5454－6182－4
定价	65．00 元

如发现印装质量问题，影响阅读，请与承印厂联系调换。
发行部地址：广州市环市东路水荫路 11 号 11 楼
电话：（020）37601950　邮政编码：510075
邮购地址：广州市环市东路水荫路 11 号 11 楼
电话：（020）37601980　营销网址：**http://www.gebook.com**
广东经济出版社新浪官方微博：**http://e.weibo.com/gebook**
广东经济出版社常年法律顾问：何剑桥律师

总序

preface

侍茂崇

2013年9月和10月习近平主席在出访中亚和东盟期间分别提出了“丝绸之路经济带”和“21世纪海上丝绸之路 ”两大构想（简称为“一带一路”）。 该构想突破了传统的区域经济合作模式，主张构建一个开放包容的体系，以开放的姿态接纳各方的积极参与。“一带一路”既贯穿了中华民族源远流长的历史，又承载了实现中华民族伟大复兴“中国梦”的时代抉择。

海洋拥有丰富的自然资源，是地球的主要组成部分，是人类赖以生存的重要条件。它所蕴含的能源资源、生物资源、矿产资源、运输资源等，都具有极大的经济价值和开发价值。21世纪需要我们对海洋全面认识、充分利用、切实保护，把开发海洋作为缓解人类面临的人口、资源与环境压力的有效途径。

我国管辖海域南北跨度为38个纬度，兼有热带、亚热带和温带三个气候带。海岸线北起鸭绿江，南至北仑河口，长1.8万多千米。加上岛屿岸线1.4万千米，我国海岸线总长居世界第四。大陆架面积130万平方千米，位居世界第五。我国领海和内水面积37万~38万平方千米。同时，根据《联合国海洋法公约》的规定，沿海国家可以划定200海里专属经济区和大陆架作为自己的管辖海域。在这些海域，沿海国家有勘探开发自然资源的主权权利。我国海洋面积辽阔，蕴藏着丰富的海洋资源。

自改革开放以来，中国经济取得了令人瞩目的成就。进入21世纪后，海洋经济更是有了突飞猛进的发展，据国家海洋局初步统计，2017年全国海洋生产总值77611亿元，比上年增长6.9%，海洋生产总值占国内生产总值的9.4%。同时，海洋立法、海洋科技和海洋能源勘测、海洋资源开发利用等方面也取得了巨大的进步，我国公民的海权意识和环保意识也大幅提高，逐渐形成海洋产业聚集带、海陆一体化等发展思路。但总体而言，我国海洋产业发展较为落后。而且，伴随着对海洋的过度开发，其环境承载能力也受到威胁。海洋生物和能源等资源数量减少，海水倒灌、海岸受到侵蚀，沿海滩涂和湿地面积缩减：种种问题的凸现证明，以初级海洋资源开发、海水产品初加工等为主的劳动密集型发展模式，已经不能适应当今社会的发展。海洋产业区域发展不平衡、产业结构不尽合理、科技含量低、新兴海洋产业尚未形成规模等，是我们亟待解决的问题，也是本书要阐述的问题。

海洋产业有不同分法。

传统海洋产业划分为12类：海洋渔业、海洋油气业、海洋矿业、海洋船舶业、海洋盐业、海洋化工业、海洋生物医药业、海洋工程建筑业、海洋电力业、海水利用业、海洋交通运输业、海洋旅游业。

有的学者根据产业发展的时间序列分类：传统海洋产业、新兴海洋产业、未来海洋产业。在海洋产业系统中，海洋渔业中的捕捞业、海洋盐业和海洋运输业属于传统海洋产业的范畴；海洋养殖业、滨海旅游业、海洋油气业属于新兴海洋产业的范畴；海水资源开发、海洋观测、深海采矿、海洋信息服务、海水综合利用、海洋生物技术、海洋能源利用等属于未来海洋产业的范畴。

有的学者按三次产业划分：海洋第一产业指海洋渔业中的海

洋水产品、海洋渔业服务业以及海洋相关产业中属于第一产业范畴的部门。海洋第二产业是指海洋渔业中海洋水产品加工、海洋油气业、海洋矿业、海洋盐业、海洋化工业、海洋生物医药业、海洋电力业、海水利用业、海洋船舶工业、海洋工程建筑业，以及海洋相关产业中属于第二产业范畴的部门。海洋第三产业，包括海洋交通运输业、滨海旅游业、海洋科研教育管理服务业以及海洋相关产业中属于第三产业范畴的部门。

根据党的十九大报告提出的“坚持陆海统筹，加快建设海洋强国”，我国海洋经济各相关部门将坚持创新、协调、绿色、开放、共享的新发展理念，主动适应并引领海洋经济发展新常态，加快供给侧结构性改革，着力优化海洋经济区域布局，提升海洋产业结构和层次，提高海洋科技创新能力。本丛书旨在为我国拓展蓝色经济空间、建设海洋强国提供一定的合理化建议和理论支持，为实现中华民族伟大复兴的“中国梦”贡献力量。

本丛书总的思路是：有机整合中国传统的“黄色海洋观”与西方的“蓝色海洋观”的合理内涵，并融合“绿色海洋观”，阐明海洋产业发展的历史观，以形成全新的现代海洋观——在全球经济一体化及和平与发展成为当今世界两大主题的新时代背景下，以海洋与陆地的辩证统一关系为视角，去认识、利用、开发与管控海洋。这一现代海洋观，跳出了中国历史上“黄色海洋观”与西方历史上“蓝色海洋观”的时代局限，体现了历史传承与理论创新的精神。

21世纪是海洋的世纪，强于世界者必盛于海洋，衰于世界者必败于海洋。

目录

contents

第一章

丝绸之路

——驼铃古道丝绸路，胡马犹闻唐汉风

第一节　丝绸之路

一、丝绸之路，并非只是丝绸的通道

德国地理学家费迪南·冯·李希霍芬（Ferdinand von Richthofen）于1860年起随德国经济代表团考察包括中国在内的远东地区（对中国进行地质地理考察的时间为1868—1872年），他在从1877年起整理和出版的著作《中国：亲身旅行之成果和据此所作的研究》一书中，首次提出“丝绸之路”（Seidenstrasse）和“海上丝绸之路”的名称，迅速为国际学界所接受，并引起了高度关注。

丝绸之路是古代起始于中国，连接亚洲、欧洲和非洲的商业贸易路线，从运输方式上分为陆上丝绸之路（图1-1）和海上丝绸之路。

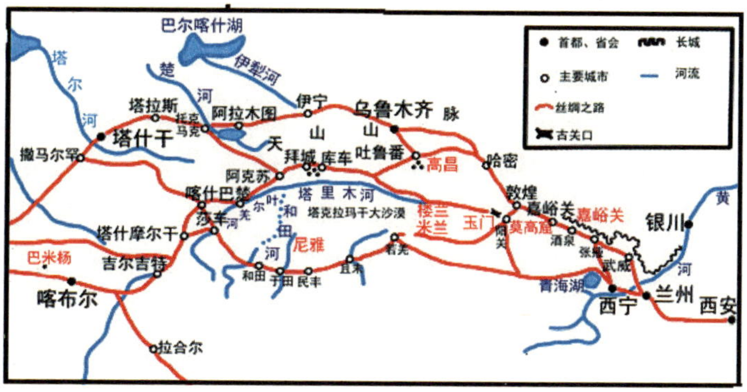

图1-1　陆上丝绸之路

1. 陆上丝绸之路

陆上丝绸之路，是两汉时期中国人开创的以洛阳、长安为起点，连接东西方文明的陆上贸易和文化交流通道。西汉时期，为联络大月氏人，共同夹击匈奴，张骞从长安（今陕西西安）出发，首次开拓了丝绸之路，被称为“凿空之旅”。

罗马人征服叙利亚的塞琉西帝国和埃及的托勒密王朝后，通过安息帝国、贵霜帝国和阿克苏姆帝国，取得从丝绸之路运来的中国丝绸，非常欣赏，于是鼓励继续扩大贸易。到了西汉末年，战争频繁，民生凋敝，丝绸之路一度断绝。

东汉时期，班超从洛阳出发，再次出使西域，他的随从到达了罗马。这是东西方文明的第一次对话。也是在这个时期，印度僧人沿着丝绸之路到达洛阳，将佛教传入中国，从另一个角度拓展了丝绸之路。

唐代，洛阳人玄奘，沿着丝绸之路到印度求取佛经，从出发到返回长安，前后历时17年，还写下了《大唐西域记》一书，促进了中华文明与印度文明的交流。

陆上丝绸之路最初的作用是运输中国出产的丝绸、瓷器等商品，后来证明，它是一条东方与西方在经济、政治、文化方面进行交流的主要道路。1981年7月，北京大学等16所高等学校和科研机构组成以宁可教授为队长的24人的“丝绸之路考察队”，对陆上丝绸之路进行实地考察，途经陕西、甘肃、内蒙古、青海、新疆五个省区，行程8000千米，历时55天，预示着一个研究丝绸之路的热潮兴起，丝绸之路上的文化瑰宝将再次闪耀于世。

2. 海上丝绸之路

海上丝绸之路是一个多维的系统。根据古代丝绸之路的演变格局，一般把历代海上丝绸之路分为三大航线：一是东洋航线，由中国沿海港口至朝鲜、韩国和日本的航线；二是南洋航线，由中国沿海港口至东南亚诸国的航线；三是西洋航线，由中国沿海港口至南亚、西亚和东非沿海诸国的航线。

海上丝绸之路与陆上丝绸之路，共同构成一个覆盖欧亚非的交通网络。中国的丝织品、纸张、茶叶、麝香和牦牛尾，中国东北和俄罗斯的兽皮、人参、鹿茸、鱼胶，西亚和地中海东岸的金银器、玻璃制品、乳香、药品、绒毯，印度和东南亚的胡椒、香木、宝石、珊瑚、象牙、犀角、鳖甲，中亚的玉石，瓦罕走廊的天青石，以及许多地方均有出产的毛织物、珍珠、饰品、葡萄酒、蜂蜜、大黄等，作为交易对象频繁流动在这个庞大的网络之中。

由此可见，海上丝绸之路并非只有单一的丝绸贸易，它是以丝绸贸易为象征的、在中国古代曾长期存在的、中外之间的海上复杂的经济贸易关系。其性质是："人类社会进入文明社会后国家与国家（包括国家的某一地区对另一国家某地区）商业贸易和政治、文化交流的海上通道。"甚至有学者认为海上丝绸之路这个概念，不应当仅指中国东南沿海通向东南亚及更远地区的"区域性海路"，而应当指环绕地球的"全球性海路"。

值得注意的是，对丝绸之路或海上丝绸之路的理解，除了经济贸易通道或路径之义外，它也代表着一种精神和文化：不是单纯地传播蚕桑、丝绸等生产技术的"丝绸之路"，而是发展成为传播政治思想、宗教学说、文化艺术、生产技术等的"海上文化之路""海上陶瓷之路""海上茶叶之路""使者之路"……

1954年，季羡林发表了题为《中国蚕丝输入印度问题的初步研究》的长篇论文，论证中国蚕丝从南海 "雷州半岛发船"输入印度，后历魏、晋、南北朝、隋、唐、宋、元、明、清等朝代，丝路输运绵延不绝，到了明初可以说是达到中印海上贸易的最高潮。1974年，国学大师、香港学者饶宗颐发表了《蜀布与Cinapatta——论早期中、印、缅之交通》长篇论文，除论述蜀布从陆路输入印度、缅甸外，并在《附论：海道之丝路与昆仑舶》一节中指出：海道的丝路是以广州为转口中心，近可至交州，远则及印度；南路的合浦，亦是一重要据点。

1987年，联合国教科文组织决定对海上丝绸之路进行国际全面综合研究，并于1990年10月23日组织30多个国家的50多位科学家和记者，乘坐"和平方舟（Ship of Peace）号"考察船，从意大利威尼斯港起航出发，途经亚德里亚海、爱琴海、地中海、苏伊士运河、红海、阿拉伯海、印度洋、马六甲海峡、爪哇海、泰国湾，以及中国南海、东海和朝鲜海峡，在16个国家的22个港口城市进行调研。1991年2月9日到达广州，次日在东方宾馆举行"广州与海上丝绸之路"学术座谈会，对海上丝绸之路的历史背景、交通路线、贸易内容、人文精神等进行深入探讨和交流，并把海上丝绸之路的申遗工作推向新阶段。

二、海上丝绸之路的形成和发展

中国的航海发展历史悠久，从浙江余姚河姆渡遗址出土的实物木桨测定，使用划桨技术推进的航行，源于7000年前的新石器时代后期。夏、商时期，东南沿海的东夷人和越人已有频繁的航海活动。

1. 唐代以前

早在西周时期，我国就已经通过海路，东与日本，南与越南有了海上往来。或许有人怀疑我们祖先的远航能力，但是，日本学者认为远离中国1万多千米的南太平洋孤岛——复活节岛上的土著居民均来自中国南部。这是日本大阪医科大学的松木秀雄教授和福岛县立医科大学的平岩幸一教授根据对血液中的抗体遗传基因分析研究得出的结论。

春秋战国时期有文字记载：居住在浙江、福建、广东等东南沿海地区的人民，“以舟为车，以楫为马，往若飘风，去则难从”。由此可见当时航海技术水平与海上活动的情况。相传秦始皇为求长生不老仙药，派遣方士徐福率领童男童女3000人及百工、武士等入海去了日本。

鉴于早期的航海技术还处于不成熟的阶段，海上丝绸之路大都紧靠着海岸线，又由于当时的经济、政治、文化中心在黄河流域，因此其航路大致是：从我国山东半岛越渤海，再沿辽东半岛至百济（今朝鲜半岛西南），至壹岐、对马岛到松浦，至博多再到达难波（大阪）等地。

秦汉时期，随着统一的封建帝国的建立与巩固，海运事业得到空前的发展，它对发展社会经济、推动中外文化交流起到了重要的作用。我国的丝织品以及养蚕、缫丝、织绸等生产技术和先进工艺，通过海上丝绸之路传播到朝鲜半岛和日本等地。

《汉书·地理志》曾记载了汉武帝时期的一次远洋航行情况：“自日南障塞，徐闻、合浦船行可五月，有都元国；又船行可四月，有邑卢没国；又船行可二十余日，有谌离国；步行可十余日，有夫甘都卢国；自夫甘都卢国船行可二月余，有黄支国。……”（图1–2）

从这段史料中我们可以看到，汉武帝派遣的庞大远洋船队到海外贸易的情况。此外我们还可以了解到，当时的南方航路经东南亚诸国，穿越马来半岛进入孟加拉湾，到达印度的康契普拉姆。

隋代，日本曾先后多次遣使来中国朝贡，往来于隋朝与朝鲜半岛、日本以及东南亚各国的使者、海商通过海上丝绸之路，不但将大量的中国丝绸带往世界各地，而且将染织、刺绣等技术，以及历法、天文、书法、绘画、钱币、陶瓷、茶叶等传到海外。

南朝梁、陈年间（公元6世纪中叶），印度僧人拘那罗陀两次来到泉州，后来由泉州搭船到梭迦修国（今马来半岛），改乘大船回到印度。

歲壹反元帝時遂罷弃之自日南障塞徐聞合浦船行可五月有
都元國又船行可四月有邑盧沒國又船行可二十餘日有諶離
國（師古曰諶音士林反）步行可十餘日有夫甘都盧國（師古曰都盧國人……）
自夫甘都盧國船行可二月餘有黃支國民俗略
與珠厓相類其州廣大戶口多多異物自武帝以來皆獻見有譯
長屬黃門與應募者俱入海市明珠璧流離奇石異物齎黃金雜
繒而往所至國皆稟食爲耦（師古曰稟給也耦對也給其食而侶耦之相隨行也）蠻夷賈船轉送致
之亦利交易剽殺人（師古曰剽劫也音頻妙反）又苦逢風波溺死不者數年來還大
珠至圍二寸以下平帝元始中王莽輔政欲燿威德厚遺黃支王
令遣使獻生犀牛自黃支船行可八月到皮宗船行可八月到日
南象林界云黃支之南有已程不國漢之譯使自此還矣
地理志第八下 漢書二十八

图1-2 《汉书·地理志》卷二十八内容

2. 唐代

到了唐武德年间，即公元7世纪初，伊斯兰教的创始人穆罕默德派遣他的门徒四人来中国传教，那时到泉州港来的外国商人很多，不但有印度、印度尼西亚、菲律宾等地的商人，还有阿拉伯人、波斯人、叙利亚人、埃及人、犹太人、摩洛哥人以及地中海北岸的意大利人。他们到泉州的路线，大多是从波斯湾乘船，经过印度绕马来半岛，沿海岸东行而达。外国商人运来我国的主要货物有宝石、珊瑚、玛瑙、木棉、香料、药材、布匹和其他奢侈品，从泉州运走的货物主要有丝绸、瓷器、茶叶、铜器、铁器以及大黄、黄连等。

唐代是我国历史上的繁荣时期，造船业、航海术的进步，使海外贸易达到空前高度。唐代利用季候风航海取得丰富的经验，亚洲东南方的海上，冬、春有东北信风，夏、秋多西南信风。当时日本西航至中国，及由中国向西南航行到南洋、印度等地，都是在冬、春之间出航，到夏、秋之间，则由印度及南洋等地向东北航行至中国，或由中国航行至日本、朝鲜半岛。

扬州港当时成为东西亚各国经济文化交流的国际商贸大港，日本遣唐使的重要登陆地点，是中国与日本、朝鲜半岛国家文化交流的桥梁（图1–3）。崔致远《桂苑笔耕集》中记载了有关扬州与中国、新罗交流的史事；唐代诗人徐凝在《忆扬州》中写道：“天下三分明月夜，二分无赖是扬州。”

登州港是北方最繁荣的港口。据《渤海国志长编》记载：“新罗使必由海道以达登州，又为向来必经之程……渤海之使即在一地登岸，再由此转

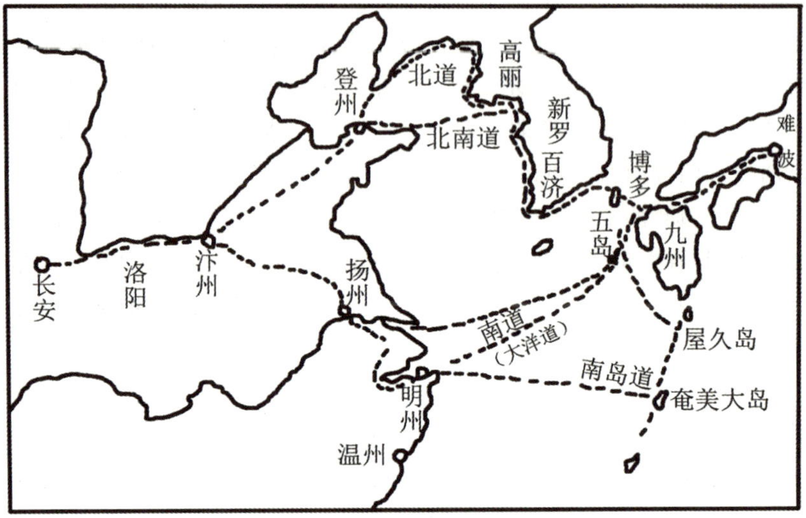

图1-3　日本遣唐使船航线（中国海文化论坛）

赴唐京。”

此时南方，更是一片繁忙。《新唐书·地理志》详细地记载了唐人贾耽利用东北信风通过通海夷道去西亚：船从广州出发，沿中南半岛东岸南下，取道马六甲海峡，绕过苏门答腊岛北端，西行至狮子国（斯里兰卡），再由狮子国沿没来国（印度马拉巴）海岸北上，“至提风日国（印度河口西岸）。其国有弥兰太河，一曰新头河（印度河）；自北渤昆国来，西流至提风日国北，入于海。又自提风日国西行二十日，行经小国二十余，至提罗卢和国，一曰罗和异国。国人于海中立华表，夜则置炬其上，使舶人夜行不迷。又西一日行，至乌剌国，乃大食国之弗利剌河（即幼发拉底河）。小舟溯流，二日至末罗国（巴士拉），大食重镇也。又西北陆行千里，至茂门王所都缚达城（巴格达）”。以上所叙，用现代地理知识简要解释为从印度南部西岸北上，至印度河口，再沿波斯海岸西行，经阿曼湾到达波斯湾头，溯幼发拉底河至巴格达的一条海上航路情况。

此外还有一条航路：“西岸（指印度洋西岸）之西，皆大食国，其西最南谓之三兰国（今坦桑尼亚）。自三兰国正北二十日行，经小国十余，至设国；又十日行，经小国六七，至萨伊瞿和竭国（今阿曼境内），当海西岸，又西六七日行，至没巽国（今阿曼境内）；又西北十日行，经小国十余，至拔离哥磨难国（今巴林境内）；又一日行，至乌剌国，与东岸路合。”这条航路也是从印度沿岸，横渡印度洋，然后再趁季风北航，过亚丁湾，沿阿拉伯沿岸，进入波斯湾，与前一海路相会合。经济重心的南移，推动了南方海上丝绸之路的开辟，而中国丝绸文化的对外传播，促进了中国与东南亚、中亚、西亚以及世界各国的经济、文化、科学的交流和发展。

3. 宋元时代

两宋时代，由于与西夏、辽、金的长期对峙，陆上对外交通几近断绝，而海上丝绸之路则呈现出前所未有的繁荣景象。根据赵汝适《诸番志》记载，宋代东西方海上交通，东至朝鲜半岛、日本，西至地中海东岸和非洲东部，这条东西方海上丝绸之路连接了远东、东南亚、南亚、西亚、埃及、东非以及地中海东岸的50余个国家。宋代造船业和航海技术的高度发展，是海上丝绸之路繁荣的重要原因。宋代使用指南针导航，在我国航海技术史上是一次飞跃，也是我们祖先开拓海上丝绸之路的智慧结晶。

东海贸易重镇明州（今宁波），位于甬江、姚江、鄞江三江的汇合处，自古以来就是我国对外贸易的重要港口，也是东海海上丝绸之路的始点（图1–4）。明州在宋代是全国对外贸易的四大港口之一，与杭州、广州、泉州齐名。东往日本，北通高丽，南与阇婆（今爪哇岛）、占城（今越南）、暹罗（今泰国）、真腊（今柬埔寨）、勃泥（今加里曼丹岛北部）、三佛齐（今苏门答腊岛东南部），西与大食等国均有贸易往来，风光一时海内无几。

图1–4　古代明州港（宁波博物馆）

从明州港起航的对外丝绸出口贸易通道主要有三条。第一条从明州港始航，经舟山普陀山，出双屿港，从韭山渡东海、黄海至朝鲜半岛，或者至日本的五岛、长崎、博多、兵库、难波或坊津等地。第二条自明州港南下，经温州、泉州、广州，过南海，再过中南半岛、马来半岛（支线经如今的菲律宾至印度尼西亚领土各国），横穿马六甲海峡，再经缅甸、印度、斯里兰卡、伊朗、阿拉伯海至非洲东海岸各国。至于地中海航线，据研究，多为印度商人转口贸易。支线进入红海和波斯湾，可抵达西亚诸国。第三条自明州港南下经广州到今菲律宾的马尼拉，然后横渡太平洋到北美洲今墨西哥的阿卡普尔科港，再分别往南美洲的秘鲁、智利、阿根廷，以及中美洲加勒比海地区各国。

宋元时期对外贸易大港——泉州（刺桐）港，成为与埃及的亚历山大港齐名的世界性大海港。北宋时期泉州对外经贸活动日趋活跃，南宋时期政权南渡后，泉州、广州都被视为天子之南库，“竭东南之财以支天下之全费”，所以上自朝廷，下至泉州地方政府都更加重视泉州的海外贸易。

泉州港发迹于唐代，宋元时期社会经济进入全盛时期，来泉州的各国商人日益增多。泉州湾上，帆樯林立，商贾如云，操着各种语言的亚非朋友，穿着各式服装的外国商人，聚居在泉州的达数万人。随着交通贸易的繁荣，很多著名的外国传教士、旅行家和其他人士都云集泉州（图1–5）。

图1–5 泉州古港人文交流（艾力云，冯蔚然）

4. 明代以后

明成祖朱棣为炫耀国威，曾派遣郑和率领庞大的舰队出使各国（图1-6）。先下东洋（日本），之后七次下西洋，开辟了中国航海史的新纪元，发展了我国航海技术，增进了对世界地理的认识，丰富了海上丝绸之路的内涵，进一步加强了中国与“西洋”各国的友好睦邻关系，促进了经济、文化和科学技术的双边发展。

图1-6　郑和航海图

自嘉靖年（1522—1566年）以后，由于东南沿海遭受倭寇的侵扰，明朝政府遂不准外国船舶进出，并实行严厉的海禁政策。清朝初年，为防御郑成功、张煌言领导下的东南沿海人民的抗清斗争，清政府施行更加森严的海禁，致使明州港、泉州港对外贸易日趋衰退，繁荣的海上丝绸之路从此一蹶不振。

在中国长达18000多千米的大陆海岸线近海水域和传统的中外交通水道海域，历史上往来的各种船舶穿梭不断，数千年中由于各种原因沉没在其中的船舶难计其数，仅南海就超过2000艘！它们既见证了中国古代海上丝绸之路上繁忙的海运，也负载着难以估量的历史文化信息。这些遗产蕴藏量巨大，分布范围广泛，都有待于进一步考察发现、研究，并进行恰当的就地保护（图1-7）。

图1-7　2007年12月21日古代沉船“南海一号”打捞出水（曲金良）

第二节　21世纪海上丝绸之路

2013年9月和10月，习近平主席在出访中亚和东盟期间分别提出了共建“丝绸之路经济带”和“21世纪海上丝绸之路 ”两大倡议（简称为“一带一路”，如图1–8所示）。“一带”，指的是“丝绸之路经济带”，是在陆地。

图1–8　“一带一路”

它有三个走向，都是从中国出发：一是经中亚、俄罗斯到达欧洲；二是经中亚、西亚至波斯湾、地中海；三是到东南亚、南亚、印度洋。“一路”，指的是“21世纪海上丝绸之路”，重点方向有两条：一是从中国沿海港口过南海到印度洋，延伸至欧洲；二是从中国沿海港口过南海到南太平洋。

中心线：连云港—郑州—西安—兰州—乌鲁木齐—霍尔果斯—中亚—欧洲。

南线：泉州—福州—广州—海口—北海—河内—吉隆坡—雅加达—科伦坡—加尔各答—内罗毕—雅典—威尼斯。

该倡议突破了传统的区域经济合作模式，主张构建一个开放包容的体系，以开放的姿态接纳各方的积极参与。重新激活这条古老的贸易通道，对沿途国家的经济建设、地区繁荣乃至世界经济的平衡都具有重大的战略意义。同时，我国提出“携手建设更为紧密的中国—东盟命运共同体”。2013年11月，党的十八届三中全会明确作出“推进丝绸之路经济带、海上丝绸之路建设，形成全方位开放新格局”的决定；12月，中央经济工作会议进一步强调“建设21世纪海上丝绸之路，加强海上通道互联互通建设，拉紧相互利益纽带”。我们不仅要充分认识中央关于共建21世纪海上丝绸之路的倡议的重大意义，而且要进一步理解其深厚的历史文化底蕴。

一、21世纪海上丝绸之路及其价值意义

海上丝绸之路是在古代特定的政治经济背景之下发展起来的，它萌发于汉代，勃兴于唐代，拓展于宋代。21世纪海上丝绸之路，在线路上是对传统海上丝绸之路的延续与扩大，是一个复杂的具有强大辐射能力的贸易和交流网络。它既是对古代丝绸之路的继承，也有许多新的内涵。它不再局限于几个点或者几条线之间的联系，而具有“重视周边但不局限于周边”“跳出周边经营周边”的丰富内涵。

党中央基于战略层面，放眼世界，审时度势，以创新思维提出“一带一路”倡议。21世纪海上丝绸之路作为其核心要义，既贯穿了中华民族源远流长的深邃历史文化，又承载了实现“中国梦”的伟大使命。它不仅是物资的“经济贸易之路”，还是人文的“和平交流之路”，更是强国的“发展战略之路”。

海上丝绸之路航线大体上分为三段：东南亚航线、南亚及波斯湾航线、

红海及印度洋西岸航线。在内涵上，21世纪海上丝绸之路首先是一条经济贸易之路，甚至是一个“全球贸易网”，从中国视角看，21世纪海上丝绸之路在广义上可以界定为：从中国沿海港口出发，与世界各国建立的海上贸易通道。不仅指与东南亚、南亚、西亚和东非的联系，而且包括与大洋洲、北美洲和拉丁美洲的联系，这一对外经济贸易关系网络，反映着中国与世界各国的经贸关系，也反映着复杂的国际关系和文化交流合作。

21世纪海上丝绸之路，既传承并发扬着既有的海上丝绸之路的价值，又在现代经贸科技发展的环境中，赋予其新的现实意义与价值期待。21世纪海上丝绸之路的价值意义，至少可以体现在以下四个方面。

1. 是文明播撒之路

21世纪海上丝绸之路体现着人类文明的扩展与传承，是人类探索开发自然的结果。海上丝绸之路的开辟，不论历史上对其目的有着怎样多样化的解读，但在客观上是人类了解地球、探索开发自然的结果，是人类不断扩大活动领域、将文明痕迹不断延伸的过程。在这一过程中，人类对大海有了更为直接和深入的认识。

2. 提供包容的发展平台

21世纪海上丝绸之路提供了一个包容性巨大的发展平台，把快速发展的中国经济同沿线国家的利益结合起来。集中力量办好这件大事，秉持亲、诚、惠、容的周边外交理念，近睦远交，使沿线国家对我们更认同、更亲近、更支持。

“一带一路”贯穿欧亚大陆，东边连接亚太经济圈，西边进入欧洲经济圈。无论是发展经济、改善民生，还是应对危机、加快调整，许多沿线国家同我国有着共同利益，谋求共建串起全球97个城市与港口的海上丝绸之路。

3. 是全面深化改革的重要举措

21世纪海上丝绸之路不仅是经济走廊、人文通道，更涵盖了极为丰富的时代价值，对于我国全面深化改革、建设海洋强国具有重大意义。

如今，我国改革进入攻坚期和深水区，为扩大对外开放，融合“引进来”“走出去”两大政策，统筹国际国内两大格局，协调海运陆运两大领域，全面推进海上交通运输发展，打造海上黄金水道，已然符合全球发展的新形势，符合我国发展的新战略，符合“海洋世纪”的新常态。而为促进海运业合理改革，适时明确21世纪海上丝绸之路之航运发展的战略目标，对于丝路航线上的高效海运、安全海运、绿色海运至关重要，同时也符合全面深化改革的布局要求。

4. 是应对国际经济竞争的重要谋划

进入“海洋世纪”以来，全球市场、技术、资源竞争日益激烈。改革开放后，经过30多年的高速经济增长，我国于2010年超过日本，成为紧随美国之后的世界第二大经济体。然而，一些发达国家试图通过制定新的国际经贸规则，推动博弈格局转变。2010年初美国就启动了《跨太平洋伙伴关系协定》（TPP）谈判，2013年6月美国和欧盟又启动了《跨大西洋贸易和投资伙伴关系协定》（TTIP）谈判，意图以“两洋战略”推行自己的贸易议题，建立排除我国的全新世界贸易体系，削减中国对周边地区的影响力和合作范围。此外，美国积极谋划重返亚太的政治、军事部署，其战略意图不言而喻。为此，我国因势利导，在瀚海中搏击风浪，提出了“一带一路”倡议。

二、中国海洋经济如何适应

21世纪是海洋的世纪，强于世界者必盛于海洋，衰于世界者必败于海洋。我国拥有着1.8万多千米的海岸线、1400多个港口，海域辽阔，海疆富饶，战略布局潜力巨大。

“一带一路”倡议的提出与实施，既是近三年中国对外战略转型的缩影，更预示着未来战略转型的方向，其核心在于推进顺应中国崛起趋势的大国外交，有效缓解难以回避的崛起困境。中国崛起发端于经济实力高速增长，但如今已无法回避经济实力向战略影响力的转化。中国崛起得益于融入多边框架，但如今需要新的支点夯实双边才能撑起多边区域合作的崭新空间。

1. 迎接好第五次、第六次科技革命

目前学术界流行“工业 4.0”，其实，第四次工业革命并不代表全球经济社会变革的全部内容，人类正迎来“产业4.0时代”，包括“科技革命、工业革命、交通革命、商业革命、农业革命、文化革命”等内容的各产业大整合、大集成、大协同、大发展。21世纪中叶，第五次、第六次科技革命将成为人类

经济社会发展最强大的力量之源。

不到300年，人类社会发生了四次科技革命，均不同程度地改变了人与环境的关系，第五次、第六次科技革命将解决人类自身的问题。每一次科技革命都会带来一场深刻的经济革命、社会变革、时代飞跃、文明进步。21世纪海上丝绸之路如何迎接第五次、第六次科技革命，将成为一个世纪难题。这里反思五个问题：

一是如何创新一项“高科技成果转化机制”，将当今最先进的高科技成果快速高效地转化为21世纪海上丝绸之路持续发展的力量源泉。

二是沿线国家的高科技资源如何整合、集成、协同，形成一个“高水平、高效率、高智力、高质量”的科技合作平台。

三是如何发挥中国的特殊作用，成为沿线国家高科技整合的“加速器与催化剂”。

四是如何将21世纪海上丝绸之路的各个建设项目与第五次、第六次科技革命完美融合。

五是如何将科技与经济、文化、国家利益、国际竞争等方面结合起来，让高科技成为21世纪海上丝绸之路的最大动力源泉，在制度层面自动规避国家制度与文化差异等方面带来的障碍。

2. 创新组织方式与运作模式，多维度提高“一带一路”的综合价值

我国构建开放型经济的新体制，是一个以市场为导向的、符合现代市场经济的开放型经济新体制，将形成全方位开放的新格局。“一带一路”要培育引领国际合作竞争的新优势，主要是技术优势、品牌优势、质量优势和服务优势。

创新国际合作方式，可以向“马歇尔计划”取经，同时又克服“马歇尔计划”的弊端，超越其狭隘的地缘政治概念。目前，中国拥有比较强的金融资本和庞大的基础设施建设能力，在非洲、拉丁美洲、东南亚等地区，中国也在帮助那里的一些国家，进行大规模的基础设施建设。

在制度和标准上与各国达成以下几点共识。

一是要解决相关国家港口的互联互通，运用现代先进技术提高港口和设施的建设水平，增强物流集散功能，为推动各方经贸合作发展提供良好的基础条件。

二是加快构建国际物流体系。以21世纪海上丝绸之路枢纽港口、重要港

口为节点，强化港口物流地位和作用，按照沿线各国资源、产业、消费等的分布，建设、完善国际物流网络，加快培育供应链龙头企业和区域性国际性物流企业，构建开放融合、完整高效的现代物流系统。

三是进一步加强沿线各国多边和双边磋商，推动简化通关手续，加快“单一窗口”建设，提供海运货物通关便利。

四是加快完善运输安全保障机制。建议成立21世纪海上丝绸之路安全与合作协调中心，统筹协调21世纪海上丝绸之路区域的航行安全、海上搜救打捞和船舶污染防治，统筹安排沿线各国海事技术交流、人力资源开发以及清洁船舶研发等重大事项。

3. 依托产业化创新，形成具有国际竞争力的产业园区

要抓住关键的标志性工程，尽早开花结果。要帮助有关沿线国家开展本国和区域间交通、电力、通信等基础设施规划，共同推进前期预研，提出一批能够照顾双边、多边利益的项目清单。要高度重视和建设一批有利于沿线国家改善民生的项目。要坚持经济合作和人文交流共同推进，促进我国同沿线国家的教育、旅游、学术、艺术等人文交流，使之提高到一个新的水平。

大量事例说明，短期经济的繁荣，可以靠海量投入资源、牺牲生态环境等方式实现，而持久的繁荣取决于好的制度。21世纪海上丝绸之路的持久繁荣，照样依靠制度创新。“沿线国家在共商、共建、共享的原则基础上，旨在通过与沿线国家加强互利合作和互联互通，来打造政治互信、经济融合、文化包容的利益共同体、命运共同体和责任共同体。”

4. 结合已有成果，进一步增强“一带一路”的经济内生力

（1）两条主线涵盖五大空间走向

两条主线：“丝绸之路经济带”和“21世纪海上丝绸之路”。

“丝绸之路经济带”有三大走向——从中国西北、东北经中亚、俄罗斯至欧洲、波罗的海；从中国西北经中亚、西亚至波斯湾、地中海；从中国西南经中南半岛至印度洋。

“21世纪海上丝绸之路”有两大走向——从中国沿海港口过南海，经马六甲海峡到印度洋，延伸至欧洲；从中国沿海港口过南海，向南太平洋延伸。

（2）发展之路从理念到实践

截至2016年底，已有100多个国家表达了对共建“一带一路”的支持和参

与意愿。中国与39个国家和国际组织签署了46份共建“一带一路”合作协议；2017年3月，联合国安理会通过决议，呼吁国际社会通过“一带一路”建设加强区域经济合作。

（3）四个层次合作推动从官方到民间的沟通

中国与“一带一路”沿线国家共同打造多层次合作机制，以高层推动、战略对接、双多边机制、“二轨”对话及交流合作的形式，加强沟通协调，增进政治互信。

（4）推动经济文化繁荣发展

共建“一带一路”以政策沟通、设施联通、贸易畅通、资金融通、民心相通为主要内容，既开展务实合作，也重视推动沿线国家间人文交流，实现经济和文化的共同繁荣发展。

（5）“六廊六路多国多港”的合作框架

中国提出了“六廊六路多国多港”合作框架，为各国参与“一带一路”建设提供了清晰的导向。

“六廊”是指新亚欧大陆桥、中蒙俄、中国—中亚—西亚、中国—中南半岛、中巴和孟中印缅六大国际经济合作走廊。

“六路”是指铁路、公路、航运、航空、管道和空间综合信息网络，是基础设施互联互通的主要内容。

“多国”是指一批先期合作国家。

“多港”是指若干保障海上运输大通道安全畅通的合作港口。

（6）“冰上丝绸之路”设想

就是穿越北极圈，连接北美、东亚和西欧三大经济中心的海运航道。亚马尔天然气项目（位于俄罗斯境内的北极圈内，是目前全球在北极地区开展的最大型液化天然气工程）建设过程中超过60%的模块和零部件是经过白令海峡、通过北极东北航道运输，平均用时16天左右，比通过苏伊士运河节省近20天。

这么大的经济板块，建立具有21世纪国际竞争力的现代产业链（网）与市场链（网），需要在移动互联网环境下形成国际水平的核心产业集群的基地化、链条化、一体化、增值化，各大经济板块的经济集约机制、资源整合机制、利益分享机制、风险化解与分担机制、经济差距与互补机制、文化差异与融合机制。跨区域的国际战略平台建设，可以吸收欧盟一体化进程中的成功经验，因不可能成为“经济一体化”组织，所以要在“产业层面、市场层面、资源层面”开拓发展“多维度、深层次、大范围、高水平、高效率、高品质”的国际合作模式。而这一合作模式的生命力是否强大，则取决于沿线国家的合作动机、合作愿望、合作条件、合作方式、合作能力。

要建设好21世纪海上丝绸之路，一定要有市场需求。要有产品在路上，有实际项目来推动，这是最关键的。古代海上丝绸之路之所以繁荣，是因为有了产品和贸易的需要。

更为关键的是，要善于学习、及时调整。不论我们怎样提早研判、未雨绸缪，“一带一路”建设过程中我们难免会遭遇挫折和挑战。面对挫折和挑战，最为关键的是总结经验，根据实际情况及时做出调整。

对此，交通运输部水运科学研究院院长张宝晨认为，“中国倡导与相关国家共建21世纪海上丝绸之路，标志着中国正以更加开放包容的姿态走向世界”“从布局上看，中东和南亚将成为‘一带一路’的重要交会区域。放眼21世纪海上丝绸之路区域，这是充满活力、快速发展的地区，也是多样性突出、各种矛盾相互交织的地区”。他还认为，当前世界经济增长格局出现此消彼长的新变化，这就要求我们更加主动自觉地统筹国际、国内两个大局，通过构筑21世纪海上丝绸之路，以合作共赢为基本原则，抓住文化、资本、技术、资源等核心要素，形成更广范围、更宽领域、更深层次的区域经济一体化。

5. 发展21世纪海上丝绸之路中要注重我国交通运输的“供给侧改革”

在21世纪海上丝绸之路如何建设的具体问题上，专家们不约而同地强调了交通运输的重要作用。21世纪海上丝绸之路建设，首先要解决相关国家港口的互联互通，运用现代先进技术提高港口和设施的建设水平，提升物流集散功能，为推动各方经贸合作发展提供良好的基础条件。共同推进码头、航道、集疏运道路和铁路等基础设施建设。以港口为战略支点，将各国港口城市和沿海经济带串联起来。其次，要加快构建国际物流体系，以21世纪海上丝绸之路枢纽港口、重要港口为节点，强化港口物流地位和作用。

十八大后，习近平总书记提出要根据供给侧结构性改革要求，整合我国交通运输业。“供给侧”理论认为：国民经济的平稳发展取决于经济中需求和供给的相对平衡。供给的范围和水平取决于社会生产力的发展水平和一切影响社会生产总量的因素。鉴于此，中国经济网《港口能力过剩 呼唤供给侧改革跟进》一文指出：“我国一些港口仍在沿袭过去通过大规模港口建设吸引产业的思路，导致出现一些问题，局部区域散货、油品等货种码头能力相对过剩，同质化竞争较为激烈。”《物流科技》2013年文章《珠三角港口物流一体化整合模式研究》中指出：从地理位置上看，广州、深圳、惠州、东莞、珠海、中山等港口同处于珠三角水域，间隔距离平均不足50海里，区域港口布局密集，实际供给能力富余，加上外部市场环境的变化，供过于求的问题将日趋严重。

交通部综合规划司原司长董学博认为：煤炭码头目前最大的问题是，北方下水码头和南方接线码头能力不匹配。目前北方大型码头专业化程度很高，5万吨级以上比重达到72.3%。而南方多为小码头，5万吨级以上只占到27.1%。大连海事大学港口与航运研究所所长孙光圻称，2005年以前集装箱港口效率一直在100%以上，到2009年港口效率仅为64.72%，2015年我国港口集装箱的效率仅为44%。集装箱港口存在产能过剩的风险。从国际上看，200千米以内不应有同等规模的港口，但我国沿海却是平均50千米就有一个1000吨级以上规模的大港口。

由此可见，今后发展交通，要逐步改革港口供给，增加高质量大型海港码头海域供给；大幅压缩小码头海域供给；优化珠三角港口海域供给；优化调整集装箱码头海域供给。

最近发表的《2018—2024年中国货运港口市场深度调查及投资前景预测报告》对我国五大区域港口布局（即以天津港领衔的环渤海港口群、以上海港领衔的长江三角洲港口群、以香港港领衔的珠江三角洲港口群、东南沿海港口群和西南沿海港口群）、四大运输系统布局（即集装箱运输系统 、煤炭运输系统 、外贸进口原油运输系统和外贸进口铁矿石运输系统）、四大货类运输系统布局（粮食运输系统、商品汽车运输及物流系统、陆岛滚装运输系统、旅客运输系统）进行了深度调查及前景预测。在对2017年中国货运港口市场运行态势剖析之后，又对2018—2024年我国货运港口市场竞争趋势、竞争格局展望和行业竞争策略进行了分析。最后，对2018—2024年货运港口行业发展作出预测。其中包括：未来货运港口需求与消费预测、中国货运港口行业供需预测、影响货运港口行业发展的主要因素、货运港口行业投资风险及控制策略分析。该报告主要采用国家统计局、商务部、海关总署发布的权威数据，结合大量问卷调查，有很好的参考价值。

第二章

海洋交通与运输

——荡荡发航船，千里复万里

第一节　概论

一、海洋交通运输业概念界定

“运输”一词在《辞海》中的解释是：“使用适当工具和设施，改变人和物空间位置的活动。”海洋交通运输业的定义有诸多版本，其中国家海洋局发布的版本是根据海洋统计指标的规定确定的，该规定指出：海洋交通运输业（简称海运业），是指以船舶为主要工具进行海洋运输，以及为海洋运输提供服务的企业的集合。这种界定方法更注重企业层面。另有一种界定方式是：海洋交通运输业包括港口业、海洋运输业以及为港口业和海洋运输业提供服务的一系列活动；海洋交通运输业务主要是指干散货运输业务、油轮运输业务、集装箱运输业务。这种定义更强调货物运输，对“人”没有单独说明。还有一种界定方式是：海洋交通运输业是指以船舶为主要工具从事海洋运输以及为海洋运输提供服务的活动，包括远洋运输（含客运、货运）、沿海运输（含客运、货运）、水上运输辅助活动、管道运输、装卸搬运及其他运输服务活动。不难看出，这种定义最有利于从产业角度研究问题。

海洋交通运输业是经由航海活动所实现的人和物的空间位移，是人类生产与生活活动不可或缺的重要基础之一。从这个角度来说，海运业应属于基础产业的范畴，是在我国社会发展和经济发展中起到根本性作用与基础性作用的产业。离开海运业，一国产生的服务性劳动与所提供的非物质性服务产品，以及其他相关产业的最终产品和中间产品都很难被居民和社会所消费。同时，由于海洋交通运输产业关系到国家地位和安全，所以该产业又是战略性产业。一旦缺失，后果不堪设想。

综合以上几种定义和对海洋交通运输业的产业性质的分析，本书给出一种更为全面的定义：海洋交通运输业是指以船舶为主要工具从事海洋运输以及为海洋运输提供服务的活动，包括远洋旅客运输、沿海旅客运输、远洋货物运输、沿海货物运输、水上运输辅助活动、管道运输、装卸搬运及其他运输服务活动。

海洋运输是国际贸易中最主要的运输方式，海运费用低，航道四通八达，是其优势所在。但海运速度慢，航行风险大，航行日期难以准确掌握，是其不足之处。

二、海洋交通运输业的重要性

在历史上，临海国家或地区实现强大海洋运输基本上有两条途径：一条是建立自由化的贸易和航运制度，遵循经济规律，吸引海上贸易货物和船舶，成为百舸争流的世界航运中心，如公元前12世纪的腓尼基城邦、10世纪前后的威尼斯、17世纪的荷兰，以及20世纪以来的中国香港和新加坡；另一条是建立保护性质的航运制度，依托国家强大的经济实力，实施国货国运，造就万船竞发而成为国际航运中心，如西罗马帝国、18世纪的大不列颠，以及20世纪的美国和日本。毋庸置疑，我国是当今世界的海洋运输大国，全球海上货运周转量的1/4进出我国港口，但我国是否为当今世界的海洋运输强国，以及如何成为海洋运输强国，却更为国内外海运界人士和学者所关注。

公元前1世纪古罗马的一些运货船只因害怕海盗袭击而不敢出海，当时的统帅庞培对船长们说："航海是必不可少的，而生命可以置之度外。"作为经济学家的德国铁路之父弗里德里希·李斯特对海洋有着超乎常人的认识，他说："谁与大海没有关系，谁就缺乏许多东西，他也只能是一个被上帝所厌弃的人……"这表明了他的经济观点，即海洋交通运输在经济建设中占据重要的地位。

1. 海洋货物运输是国际贸易运输的主要方式

国际海洋货物运输虽然存在速度较慢、风险较大的不足，但是由于它的通过能力大、运货多、运费低，以及对货物适应性强等长处，加上全球特有的地理条件，海运成为国际贸易中主要的运输方式。我国进出口货物运输总量的80%～90%是通过海洋运输进行的。集装箱运输的兴起和发展，不仅使货物运输向集合化、合理化方向发展，而且节省了货物包装用料和运杂费，减少了货损货差，保证了运输质量，缩短了运输时间，从而降低了运输成本。

我国的运费支出一般占外贸进出口总额的10%左右，大宗货物的运费占的比重通常更大。贸易中若充分利用国际贸易规则，争取我方多派船，不但节省了外汇的支付，而且可以争取到更多的外汇收入。把我国的运力投入国际航运市场，积极开展第三国的运输，就能为国家创造外汇收入。目前，世界各国，特别是沿海的发展中国家，都十分重视建立自己的远洋船队，注重发展海洋货物运输。对于一些航运发达国家，海洋运输的收入已成为其国民经济的重要支柱。

2. 发展海洋运输业有利于改善国家的产业结构和国际贸易中出口商品的结构

海洋运输是依靠航海活动的实践来实现的。航海活动的基础是造船业、航海技术和掌握技术的海员。造船工业是一项综合性的产业，它的发展又可带动钢铁工业、船舶设备工业、电子仪器仪表工业的发展，促进整个国家的产业结构的改善。我国由原来的船舶进口国，逐渐变成了船舶出口国，而且正在迈向船舶出口大国的行列。由于我国航海技术的不断发展，船员外派劳务已引起了世界各国的重视。随着海洋运输业的发展，我国的远洋运输船队已进入世界十强之列，为今后大规模的拆船业提供了条件，这不仅可为我国的钢铁冶炼提供廉价的原料，节约能源和进口矿石的消耗，而且可以外销废钢。由此可见，海洋运输业的发展，不仅能改善国家产业结构，而且会改善国际贸易中出口商品的结构。

3. 海洋交通运输船队是国防的重要后备力量和经济走向世界的桥梁

海上远洋运输历来在战时都被用作后勤运输工具。美、英等国把商船队称为“除陆、海、空之外的第四军种”，“冷战”时期苏联的商船队也被西方国家称为“影子舰队”。由此可见商船队对战争胜负所起的作用。正因为海洋运输占有如此重要的地位，世界各国都很重视海上航运事业，并通过立法加以保护，从资金上提供扶持和补助，在货载方面给予优惠。

从宏观上看，海洋交通运输对一个国家的经济走向世界有着至关重要的作用，其意义远远超过其承载的货运数量及价值。有关资料表明，通过海洋交通运输，我国已与100多个国家和地区建立了经济、技术合作和交流关系，其中包括从发达国家进口了我国所需的技术设备，从资源丰富的国家进口了大量的粮食、木材、金属和非金属矿石等资源和资源型产品。与此同时，依靠海洋运输，我国向国际市场提供了矿产品、纺织品、农产品和相关机械等。可以说，海洋交通运输是国家经济走向世界的“伟大桥梁”。

4. 海洋运输航线是国家战略资源和国际地位的重要支撑

海洋运输航线与海上通道特定的地缘位置，不仅在很大程度上影响了各国内部的发展，而且影响到它们与外部世界的关系，赋予了各个国家在地缘环境中的优势或劣势。在某种意义上讲，它是一种最富有价值的战略资源。对于严重依赖海洋运输的国家，海运航线及海上通道的天赋性和固有性，都会对它的存在方式产生举足轻重的影响。而海运航线与海上通道的历史变迁，又在相当程度上影响着相关国家的地位并改变着国际力量的战略格局。例如，作为战略要地的好望角，由于苏伊士运河的开凿，其地缘政治和地缘经济价值骤然下降；巴拿马运河的开通和美国实现对其的控制，使得美国的疆界无形中被延伸了数千英里，并使美洲国家的政治体系更为紧密，美国的战略地位就此大大提高。

不论从哪种角度看，海洋运输航线畅通与否，都直接关系到国家机器能否正常运转，作用十分重大。从历史上看，世界海洋强国的国家利益，几乎都是世界性的，而他们追求海洋利益的战略路线大多是沿着海上航线而展开的。国家战略利益的获取，也与其获得的海上通道有着直接关联。19世纪的英国就认为，海洋是实现国家繁荣、与外界通商贸易、扩大势力和发挥影响的一条重要途径。

当前，对海运航线的认识也进一步深化，主要体现在两方面：一是利用海上交通运输线输入生产所必需的原料，并输出成品；二是利用海洋的联结和海上通道的咽喉作用，扩大势力范围，施加政治影响，捍卫本国利益。

美国的国家利益是世界性的，主要集中在海上战略航线上。美国垄断资产阶级在寻求海外贸易时，海洋成为其奉行扩张的海外政策、拓展海外市场、追求利益最大化的最佳通道。从太平洋到加勒比海，从美洲到亚洲，都有其极为重要的利益线，其目的是要保障美国能够取得世界各地的资源。

由此可以看出，海洋运输航线是保障国家利益的重要途径。不掌控海洋运输航线的国家，就无法掌控国家的命运。历史的客观规律一再证明，海洋运输航线对国家，特别是海洋大国的命运具有重大的战略意义，要保护国家利益、促进国家发展，就必须有效控制和运用海洋运输航线。

即使现在，各个大国对两种地理位置的关注也从未有丝毫松懈，这就是战略要地和海运航线。纵观当前世界能源版图，各大国的能源安全战略，均面临海运航线是否安全的难题。由于海洋运输航线在政治、经济和军事上的重要战略价值，一些具有重要地缘战略意义的海上运输航线及其关键节点，如印度洋、波斯湾、地中海、南海以及马六甲海峡、霍尔木兹海峡、苏伊士运河、巴拿马运河等，一直是世界海洋强国争夺和控制的重点，围绕其进行的地缘安全博弈，更是从地理大发现开始一直延续至今。在和平时期，对海洋运输航线的关注主要是基于国际贸易航线或海上能源运输安全的考虑；在战时或危机状态下，则是基于保障能源通道安全以及一旦海上运输被切断如何保证能源持续、有效供应的考虑。鉴于此，各国能源安全战略考虑无不把运输安全特别是海运航线安全放在特别突出的位置，这对国际能源的供需双方而言都是如此。

三、海洋交通运输业的特点

1. 是服务性行业

海洋交通运输业是一个服务性的生产部门，它所生产的不是实际的物质产品而是劳务——运输劳务。海洋交通运输业系统是一个复杂的要素组合体系，它通过将船舶、港口、航道设施、装卸设施以及燃料和劳动力等生产要素进行组合来完成自身的意义。海洋交通运输业创造价值和使用价值，利用要素资源将目标货物运送至目的地完成整个生产过程。海洋交通运输业的效益与各要素间的组合配比以及运作模式有着巨大的关系，合理地分配各种要素在海洋交通运输业中所占的份额是优化产业的重要目标，在同样的资源条件下，更合理的要素组合能够承担更大的运输量，从而提高海洋交通运输业的整体利润。

2. 各部门紧密联系

海洋交通运输业各要素呈层状分布，环环相扣，每一要素的发展都会促进整体效应的提升，反之，某一要素的严重落后也会阻碍海洋交通运输业的整体发展。各种要素互相配合，才能推动海洋交通运输体系的良性发展。临港仓储是影响海洋交通运输业的第一层要素，时常会因为断货或者货物的积压而影响整个体系的运作；同样，港口装卸、内部交通服务人员数量与质量等，也都会对整体货物流动速度造成影响。海洋交通运输业的发展，需要各部门从整体上进行统筹把握、协调处理各要素间的层面关系。

3. 有很强的国际性

海洋交通运输业有很强的国际性。海洋交通运输业的发展与世界政治经济形势、国际贸易发展状况都有着密切的关联；国家的开放程度以及对外港口的建设程度会影响我国海运船只的停靠；别国对外政策的变化，也会给我国的对外贸易带来诸多影响。海洋交通运输业具有前瞻性，不能只看重自身利益与眼前利益，而要更注重国家整体利益与长远利益。海洋交通运输业的发展程度，从某种意义上说，是海洋开发进程的代表，是国家海上实力的总体体现。

四、世界主要大洋航线

1. 太平洋航线

（1）远东—北美西海岸航线

这条航线包括从中国、朝鲜、韩国、日本、俄罗斯远东海港到加拿大、美国、墨西哥等北美西海岸各港的贸易运输线。从我国的沿海各港出发，偏南的经大隅海峡出东海，偏北的经对马海峡穿日本海后，或经津轻海峡进入太平洋，或经宗谷海峡，穿过鄂霍次克海进入北太平洋。

（2）远东—加勒比、北美东海岸航线

这条航线常经夏威夷群岛至巴拿马运河后到达。

（3）远东—南美西海岸航线

从我国北方沿海各港出发的船只多经琉球奄美大岛、硫黄列岛、威克岛、夏威夷群岛之南的莱恩群岛穿越赤道进入南太平洋，至南美西海岸各港。

（4）远东—东南亚航线

这条航线是中、朝、韩、日货船去东南亚各港，以及经马六甲海峡去印度洋、大西洋沿岸各港的主要航线。东海、台湾海峡、巴士海峡、南海是该航线船只的必经之路，极其繁忙。

（5）远东—澳大利亚、新西兰航线

远东至澳大利亚东南海岸分两条航线。中国北方沿海港口及朝、韩、日到澳大利亚东海岸和新西兰港口的船只，需走琉球久米岛、加罗林群岛的雅浦岛进入所罗门海、珊瑚海；中澳之间的集装箱船需在中国香港加载或转船后经南海、苏拉威西海、班达海、阿拉弗拉海，后经托雷斯海峡进入珊瑚海。中、日去澳大利亚西海岸的航线经菲律宾的民都洛海峡、望加锡海峡以及龙目海峡进入印度洋。

（6）澳、新—北美东西海岸航线

由澳、新至北美西海岸，多经苏瓦、火奴鲁鲁（檀香山）等太平洋上的重要航站到达。至北美东海岸，则取道社会群岛中的帕皮提，过巴拿马运河而至。

2. 大西洋航线

（1）西北欧—北美东海岸航线

这条航线是西欧、北美两个世界上工业最发达地区之间的原燃料和产品交换的运输线，运输极为繁忙，船舶大多走偏北大圆航线。该航区冬季风浪大，并有浓雾、冰山，对航行安全有很大威胁。

（2）西北欧、北美东海岸—加勒比航线

西北欧—加勒比航线多半出英吉利海峡后横渡北大西洋。它同北美东海岸各港出发的船舶一起，一般都经莫纳海峡、向风海峡进入加勒比海。除去加勒比海沿岸各港外，还可经巴拿马运河到达美洲太平洋沿岸各港口。

（3）西北欧、北美东海岸—地中海、苏伊士运河—亚太航线

西北欧、北美东海岸—地中海—苏伊士航线属世界最繁忙的航段，它是北美、西北欧与亚太、海湾地区间贸易往来的捷径。该航线一般途经亚速尔、马德拉群岛上的航站。

（4）西北欧、地中海—南美东海岸航线

这条航线一般经西非大西洋岛屿——加纳利群岛、佛得角群岛的航站。

（5）西北欧、北美东海—好望角、远东航线

这条航线一般是巨型油轮的油航线。佛得角群岛、加纳利群岛是过往船只停靠的主要航站。

（6）南美东海岸—好望角—远东航线

这是一条以石油、矿石为主的运输线。该航线处在西风漂流海域，风浪较大。一般西航偏北行，东航偏南行。

3. 印度洋航线

印度洋航线以石油运输线为主，此外有不少是大宗货物的过境运输。

（1）波斯湾—好望角—西欧—北美航线

这条航线主要由超级油轮经营，是世界上最重要的海上石油运输线。

（2）波斯湾—东南亚—日本航线

这条航线东经马六甲海峡（20万以下载重吨船舶可行）或龙目海峡、望加锡海峡（20万以上载重吨超级油轮可行）至日本。

（3）波斯湾—苏伊士运河—地中海—西欧—北美航线

这条航线目前可通行载重大于30万吨级的超级油轮。

除了以上三条运油线之外，印度洋其他航线还有：远东—东南亚—东非航线；远东—东南亚—地中海—西北欧航线；远东—东南亚—好望角—西非—南美航线；澳、新—地中海—西北欧航线；印度洋北部地区—欧洲航线。

大致的世界海运图如图2-1所示。

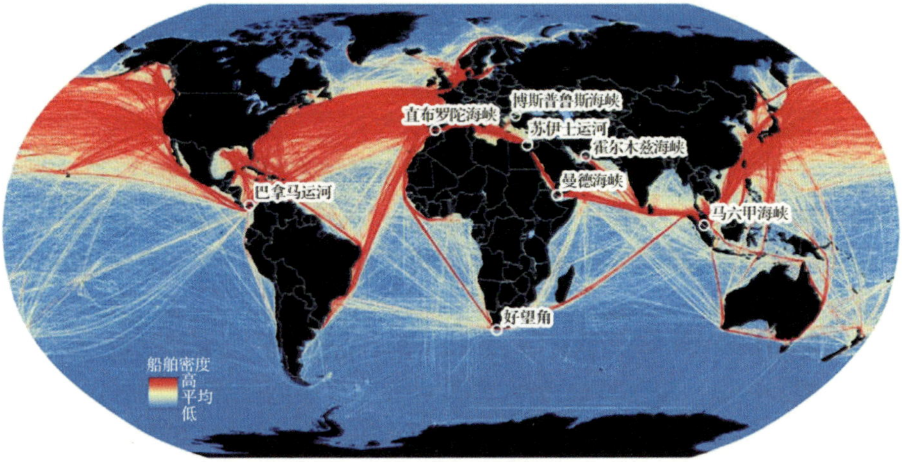

图2-1　世界海运图

五、中国外贸主要海运航线

1. 近洋航线

①港澳线（到中国香港和澳门地区）。

②中国—朝鲜半岛航线。

③中国—日本航线。

④中国—越南航线。

⑤泰国湾线，又可称为越南、柬埔寨、泰国线（到越南海防、柬埔寨磅逊和泰国曼谷等港）。

⑥中国—俄罗斯远东航线。

⑦中国—菲律宾航线。

⑧中国—新、马航线。

⑨中国—北加里曼丹航线（到马来西亚沙捞越地区的古晋、米里等港，沙巴地区的山达根、斗湖、哥打基纳巴卢和拉布安等港；文莱达鲁萨兰国的斯里巴加湾港）。

⑩中国—印度尼西亚航线。

⑪中国—孟加拉湾航线。

⑫中国—斯里兰卡航线。

⑬中国—波斯湾航线。

⑭中国—澳大利亚、新西兰航线。

⑮中国—巴布亚新几内亚航线（到巴布亚新几内亚的莱城、马丹、腊包尔、威瓦克和莫尔兹比港）。

⑯中国—南太平洋岛屿航线（到所罗门的基埃塔、霍尼亚拉，瓦努阿图的维拉港、圣土，斐济的劳托卡、苏瓦，新喀里多尼亚的努美阿，西萨摩亚的阿皮亚和东萨摩亚的帕果帕果等港）。

2. 远洋航线

①中国—红海航线。

②中国—东非航线。

③中国—西非航线。

④中国—马达加斯加航线。

⑤中国—地中海航线。

⑥中国—西欧航线。

⑦中国—北欧、波罗的海航线。

⑧中国—北美航线（美国和加拿大）。

⑨中国—墨西哥、中美洲航线。

⑩中国—南美洲西岸航线。

⑪中国—南美洲东岸航线。

⑫中国—南美洲北岸和加勒比海航线。

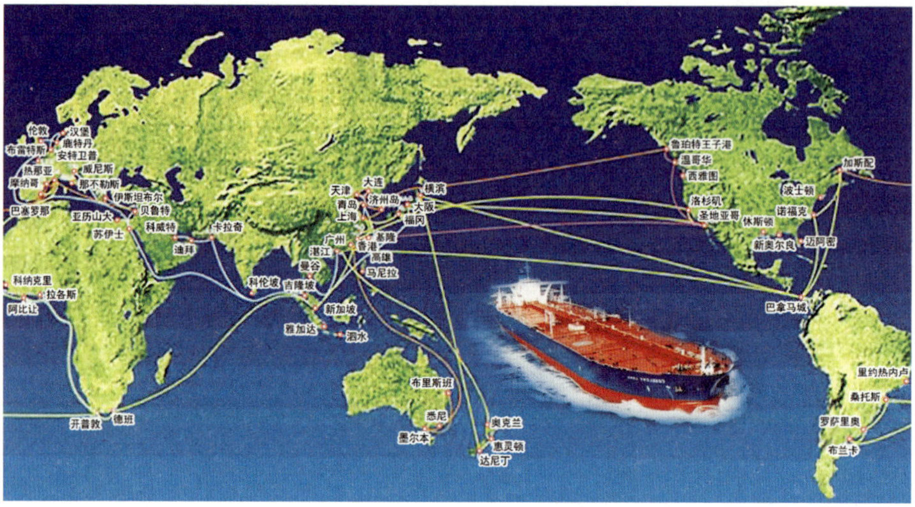

图2-2　我国主要海运航线

第二节　我国的海运业

一、我国海运业的发展

1. 古代海运业的发展

中国海洋交通运输业的发展源远流长。早在距今7000多年前，我国东南沿海的渔民就已经开始使用桨推进航海工具出海渔猎。到了汉代，我国已有坚固的船舶，并开始使用风帆和平衡舵，凭借着季风远航到日本、朝鲜半岛、东南亚和南亚各国。

宋代时期指南针已用于航海，这也是我国古代航海技术方面的一项重大发明，对人类文明的进步有着极其重要的影响。明初，郑和七次下西洋，组建了有200多艘海船的船队，载有2万人，历访了30多个国家，这是世界航海史上的一次壮举，也是我国古代海洋交通运输业达到鼎盛的标志。

同样，我国的港口发展起步也很早，早在春秋战国时期，燕国东部渤海沿岸即出现了碣石港，逐渐发展成了今天的秦皇岛港。汉代的广州港以及徐闻合浦港，当时已与国外有频繁的海上通商活动。广州、泉州、杭州、明州（今宁波）是宋代四大海港。长江沿岸的扬州港在唐朝已是相当发达的国际贸易港，兼有海、河港口的性质。

2. 我国近代海运业的发展

近代，我国的海洋交通运输业是在压迫下求生存的。鸦片战争后，清政府被迫与侵略者签订了一系列不平等条约，使得沿海海关和港口完全受制于外国人。1873年1月，轮船招商局成立。与此同时，民族资本的轮船业也随之兴起，先后成立了一些海上和内河航运公司。总的来看，这一时期海洋交通运输业有所发展，但速度较为缓慢。

3. 新中国成立初期海运业的发展

这一阶段交通部对海洋交通运输业进行了一定的整改。首先接收了官僚资本主义的船舶公司和沿海主要港口，然后新建了天津塘沽港、湛江港、南京裕溪口港等港口。在周总理的号召带动下，我国港口建设进展较快，不仅形成了一批机械化、半机械化的专业码头泊位，而且集装箱码头也着手兴建。体制方面，成立了各级航务机构，我国海运业管理体制逐渐变得清晰起来。在社会主义改造的浪潮下，我国的海运业发展规划也越发清晰，建立了“集中统一、分级管理、政企合一”的水上运营管理体制。我国不仅注重硬件设施的建设和体制的规范，而且对技术的认识也得到进一步深化，沿海运输船舶所需的内燃机、蒸汽机等设备都较过去更加先进。

从新中国成立至改革开放，我国海洋交通运输业逐渐发展壮大的历程可以大致用以下几个时间点来说明。

一是，新中国刚刚成立的时候，我国基本依靠外来船只，加上对外贸易并不发达，所以当时我国基本没有可用的属于自己的商船队。二是，1961年4月，我国自营的第一支船队诞生，当时中国远洋运输公司和广东远洋公司组建了我国的第一支自营船队，虽然当时的货运能力非常有限，只有五艘船，但毕竟实现了“从无到有”。之后的几年，我国的外贸运输依然只能主要依靠外轮运输来完成。三是，1975年，我国远洋船队总吨位超过500万载重吨，进口货物中本土远洋船队的承运量已占到70%左右的运输额度，这基本上结束了依靠租用外轮的历史，这样的进步与我国实行的一系列国家航运保护政策是分不开的，如财政拨款、国货国运、营运补贴、税收优惠等。

4. 改革开放后我国海运业的发展

1978年12月，党的十一届三中全会在北京举行。全会的中心议题是，讨论把全党的工作重点转移到社会主义现代化建设上来。

（1）政策的调整

改革开放以后，我国海洋交通运输业经历了几次重大的变革。与上一阶段截然不同的举措，带来了交通运输业的发展与繁荣。上一阶段，我国政府为保护本土自营船队的运输，采取了相对封闭的保护主义政策；这一阶段，我国由航运保护主义逐步走向了航运自由主义。最具标志性的事件是1988年交通部和中央直属的水路交通企业完全脱钩，这一事件表明我国航运自由化正式开始。这一阶段海运业有关企业的变迁过程与其他行业的国有企业十分相似，同样经历了放权让利、承包经营责任制、转换经营机制和建立现代企业制度几个阶段。放权并不是一蹴而就的，而是首先在天津进行管理体制改革试点，并且开始只是让出一部分权力给地方，交通部仍然参与管理，之后再在全国范围内展开。由此可见，我国的海运业转型进程是谨慎而缓慢的。后来，国内部分地区开始引入外资、开征港口建设费、自建专用码头、建立集团或合并重组企业等，给海运业发展带来一个又一个浪潮。

当然，这种航运自由化政策必然会对我国本土的企业造成一定的影响，否则我国之前也不会提倡贸易保护。正如大部分人预见的，自从我国取消了货载保留，即便是像中远集团这样在我国占据决定性地位的大企业，也受到了不小的冲击，在我国海运市场的承运份额逐年下降。与此同时，我国也开始更多地涉足外国海运业，取得了一定成绩。由于贸易全球化程度持续深化，海运业的国际规则被越来越多的国家认可和遵守。一些航运自由化政策，例如，允许本国的航运企业在海外造船、海外注册船舶、悬挂方便旗［方便旗船（Ship of Flag of Convenience），就是在船舶登记开放或者宽松的国家进行登记，从而取得该国国籍，并悬挂该国国旗的船舶］、雇用国外的廉价劳动力、减少船舶登记的费用等，极大地提高了我国航运企业的国际竞争力。

（2）港群与船队的形成和发展

首先，2017年我国亿吨大港已达到34个，还有许多地区的港口正在做进一步的扩建和升级计划。地方政府尤其是沿海各省市越来越意识到港口建设对当地经济发展的关键带动作用，都在为打造世界级的港口做努力。我国已经形成了五大港口集群，这些港口相互关联、相互影响，共同为海运业的发展提供强有力的支撑。我国五大港口群（环渤海地区、长江三角洲地区、东南沿海地区、珠江三角洲地区和西南沿海地区）示意图如图2-3所示。

港口吞吐能力紧张状况有所好转。在各地政府“以港兴市”的政策推动下，各港口单位开始拓宽融资渠道，加大了港口基础设施建设力度，使得前几年集装箱吞吐能力不足的局面有所改善。尤其是上海洋山港码头、深圳盐田港、广州南沙港和宁波北仑港等一批集装箱码头相继开工和投产，大大提高了港口的吞吐能力。

图2-3　我国五大港口群（360图片）

其次，我国拥有强大的海运船队和众多的航运公司。与新中国成立初期不同，我国自有的海运船队现在已经越来越多。截至2016年，我国拥有海运船队运力规模达1.6亿载重吨，位居世界第三。中国海运集团、中国远洋运输集团在世界范围内都有着不小的影响力，已跻身世界班轮公司十强之列。

最后，国际航线集装箱运输发展势头强劲。集装箱运输呈现出明显的外向型特征；世界上著名的班轮公司及商家纷纷到中国开辟新航线、增加运力，投资新建和完善码头；我国的大型海运企业也在多个沿海港口投资建造码头，争取在港口的竞争发展中获取更大的市场份额及更多的利润。

（3）货运量大大增加

如前文所述，我国共有五个港口集群，分别是环渤海、长三角、东南沿海、珠三角和西南沿海港口集群。运输系统布局除了客运，还有大宗商品，如煤炭、石油、铁矿石、粮食。此外，还有商品汽车运输和陆岛滚装。目前，大宗商品运输需求量巨大，因此，海洋交通运输业特别是沿海货物运输这一领域发展势头很猛。

我国沿海港口货物运输量一直保持着比较稳定的增长，1978年总运输量为10530万吨，2010年增长到190370万吨（图2–4）。这主要得益于我国强势的外贸推动。

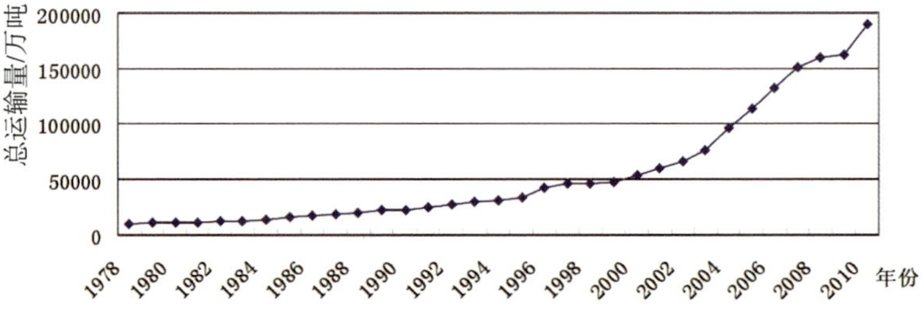

图2–4　1978—2010年中国沿海港口货物运输量（于宛抒，2013）

（4）海洋交通运输业增加值急剧攀升

从图2–5可以看出，我国的海洋交通运输业增加值在2006年突破2500亿元，是2005年增加值的3倍多，体现了产业整体水平的快速增长。这与我国航运逐渐自由化以及国家规划中对于海洋产业发展的鼓励是分不开的。

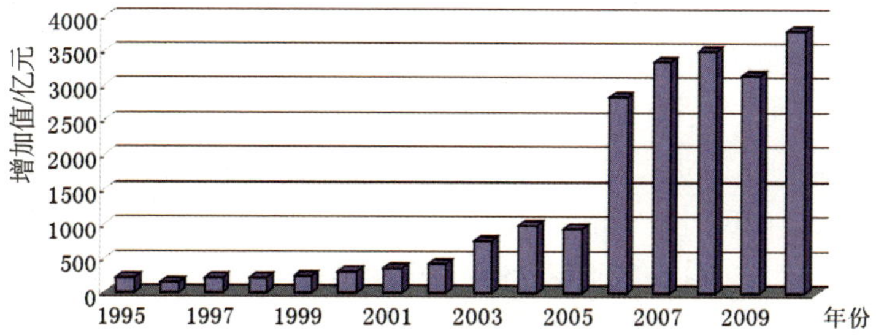

图2-5　1995—2010年中国海洋交通运输业增加值
数据来源：《中国海洋统计年鉴》

（5）客运量总体上升

客运人数总体呈上升趋势。但是，从我国乃至世界来看，海洋交通运输业都是更多地依靠货物运输来发展，旅客运输一般只占比较小的比例，对该产业的发展推动作用相对较小。这与水路运输速度较慢，出行受天气变化影响较大有关。除了滨海旅游产业中会涵盖海洋旅客运输外，因为工作或其他非休闲娱乐活动而乘坐轮船的人并不是太多。在我国，海洋交通运输业发展至今，海洋运输旅客数量一直比较少，而且部分年份人数出现负增长，较明显的如1995年、2008年和2010年（图2–6）。

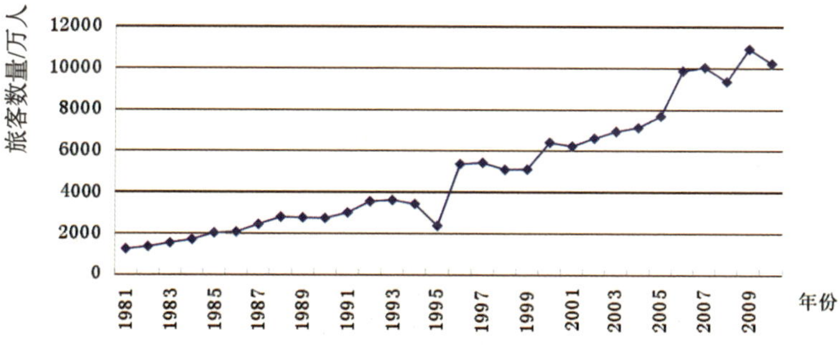

图2–6　1981—2010年我国海洋运输旅客数量（于宛抒，2013）

（6）2013年正式成为世界第一货物贸易大国

进入21世纪以来，我国对外经贸持续快速发展。2001年我国加入WTO，货物贸易总额5096.5亿美元位居世界第六；2002年我国超越英国，货物贸易总额排名世界第五；2003年我国超越法国，货物贸易总额排名世界第四；2004年我国货物贸易总额首次突破亿万美元大关；2007年我国超越日本，货物贸易总额排名世界第三；2011年我国超越德国，货物贸易总额排名世界第二；2013年我国货物贸易总额达4.16万亿美元，是新中国成立时的3681倍，是改革开放初期的201倍，是刚加入WTO时的8.1倍，并超越美国，正式成为世界第一货物贸易大国，见图2-7、图2-8。其中，海上运输不仅在我国综合运输体系中的地位举足轻重，而且在我国对外经贸中的贡献卓著。以2013年为例，海运业承担了90%以上的外贸货运量，完成我国外贸总额的65%。

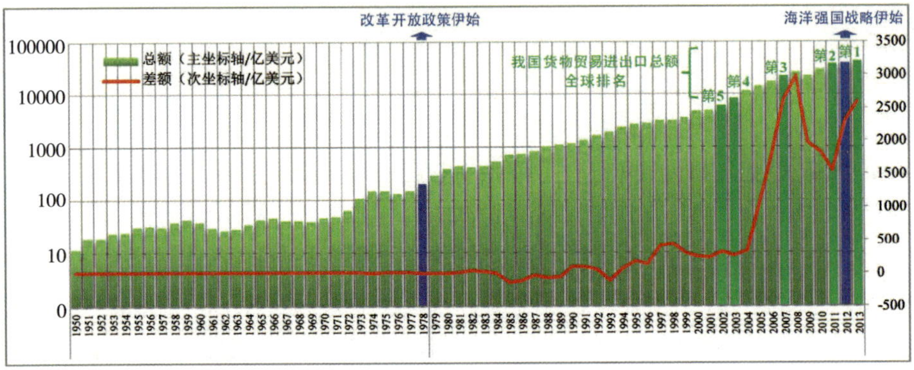

图2-7　我国历年货物进出口情况（高嵩，2014）

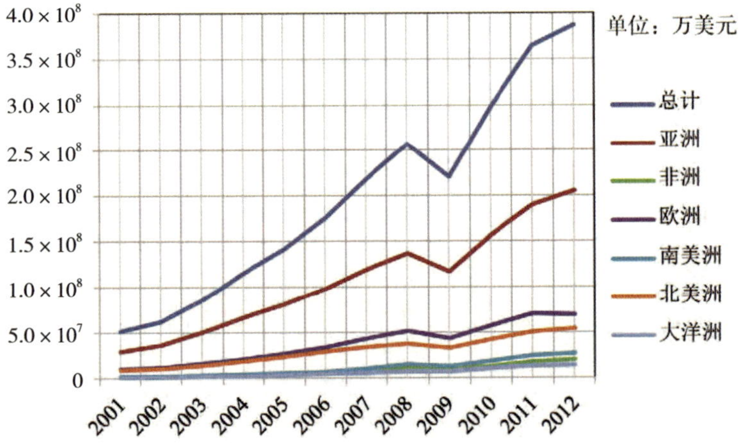

图2-8　我国同各地区海关货物进出口总额（高嵩，2014）

海关总署发布的外贸最新数据显示，2017年前11个月，中国货物贸易进出口总值25.14万亿元人民币（约3.8万亿美元），比去年同期增长15.6%。专家预计，今年全年外贸进出口呈平稳增长态势。

二、海洋运输业在我国海洋经济产业中的地位

根据国家海洋局海洋统计指标的规定，海洋运输业（或简称为海运业）是指以船舶为主要工具从事海洋运输，以及为海洋运输提供服务的企业的集合。

在2007年6月开始实施的国家标准《海洋及相关产业分类》中，海洋经济共划分为两类三个层次：第一类是海洋产业，包括主要海洋产业和海洋科研教育管理服务业；第二类是海洋相关产业。其中主要海洋产业包括海洋渔业、海洋油气业、海洋矿业、海洋盐业、海洋船舶工业、海洋化工业、海洋生物医药业、海洋工程建筑业、海洋电力业、海水利用业、海洋交通运输业和滨海旅游业共12个行业。

1. 整体占比较大

表2-1　国民经济、海洋产业和海洋运输业

年份	海洋产业产值/GDP(%)	海洋产业产值(亿元)	海洋产业产值增长率(%)	海运业产值(亿元)	海运业产值增长率(%)	海运业产值/海洋产业产值(%)
1994	—	1707.30	—	—	—	—
1995	—	2463.85	44.31	—	—	—
1996	1.9	2855.22	15.88	540.60	—	18.93
1997	2.0	3104.43	8.72	521.64	-3.5	16.80
1998	2.0	3269.92	5.33	529.51	1.51	16.19
1999	2.30	3701.37	13.19	623.56	17.76	16.85
2000	2.60	4133.50	11.67	717.57	15.08	17.36
2001	3.20	7233.80	75.00	1190.77	65.94	16.46
2002	3.80	9050.29	25.11	1342.89	12.77	14.84
2003	3.80	10077.71	11.35	1638.73	22.03	16.26
2004	4.00	13704.76	35.99	2434.32	48.55	17.76
2005	4.00	16333.63	19.18	2525.72	3.75	15.46
2006	4.00	18408.00	12.70	2585.31	2.36	14.04
2007	9.74	24929.00	35.42	3414.67	32.08	13.70
2008	9.87	29662.00	18.99	3858.00	12.98	13.01

数据来源：根据国家海洋局历年中国海洋经济统计公报整理计算

如表2-1所示，自1994年我国建立海洋经济统计制度以来，海洋产业增加值占国内生产总值的比例逐年提高，1996年只有1.9%，到2008年已经达到

9.87%。海洋产业产值的增长率一般高于同期的国内生产总值的增长率。海运业产值增长率虽略低于海洋产业产值增长率，但其在海洋产业产值中所占的比例较高，最低是2008年的13.01%，最高是1996年的18.93%。海运业产值在海洋产业产值中的比重一直在海洋渔业和滨海旅游业之后，居第三位。再比较各主要海洋产业增加值占整个海洋产业增加值的比重：2004年海洋运输业位于海洋渔业和滨海旅游业之后，居第三；到2007年，海洋运输业增加值占海洋产业增加值的32.72%，居于各产业之首（滨海旅游业占31.8%位居第二，海洋渔业占18.25%落到第三）。可见，海洋运输业是主要海洋产业中很重要的一个行业，而且是一个附加值很高的行业，所以被认为是主要海洋产业中的支柱产业。

2. 一些年份略有起伏

尽管我国海洋交通运输业增加值多年来呈增长态势，在整个海洋产业增加值中的比重从2001年的6.19%上升到2010年的16.58%，近年，该产业增加值在整个海洋产业增加值中的比重却有所下降。另外，从其占整个GDP的比重来看，从2001年的0.32%到 2010年的0.94%，增速和上一比例相差不多，趋势也和上一比例相似，表明近年我国海洋交通运输业的产业竞争力有所下降（图2–9）。

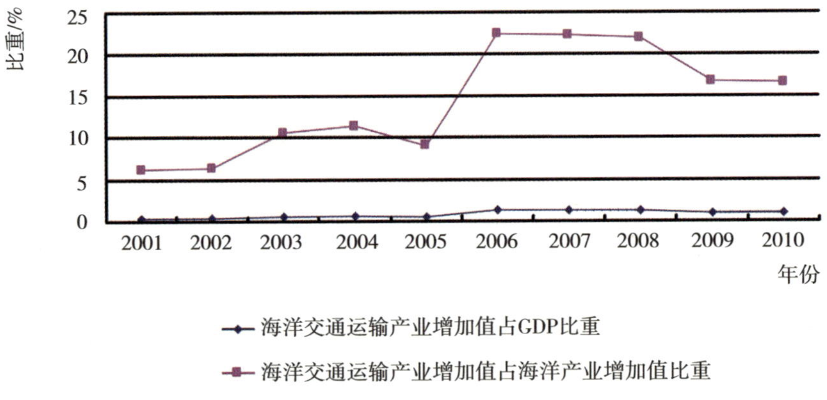

图2–9　海洋交通运输业增加值占 GDP、海洋产业增加值比重
数据来源：《中国海洋统计年鉴》

3. 各海洋产业的产值

从国家海洋局发布的《2016年中国海洋经济统计公报》中得知，2016年

我国海洋生产总值70507亿元，比上年增长6.8%，占国内生产总值的9.5%。其中，滨海旅游业最多，占海洋生产总值的42.1%；其次就是海洋交通运输业，占海洋生产总值的21.0%；居于第三位的是海洋渔业，占海洋生产总值的16.2%（图2–10）。此外海水利用业、海洋工程建筑业、海洋电力业、海洋盐业、海洋矿业、海洋化工业等或实现较快增长，或稳步增长。

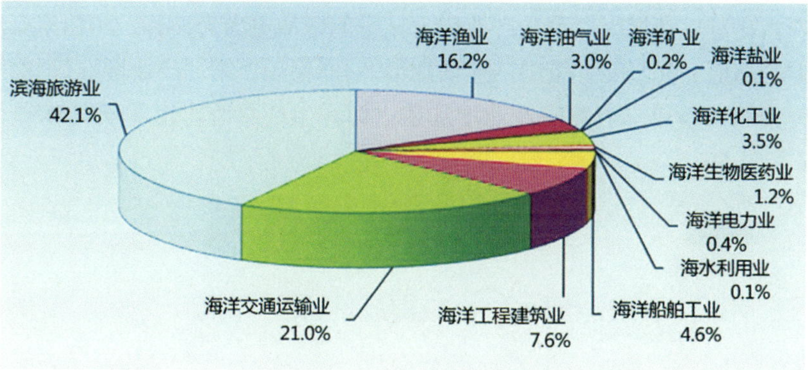

图2–10　2016年各海洋产业所占份额（中国海洋经济信息网）

和2006年相比（图2–11），海洋产业所占份额有了显著变化。

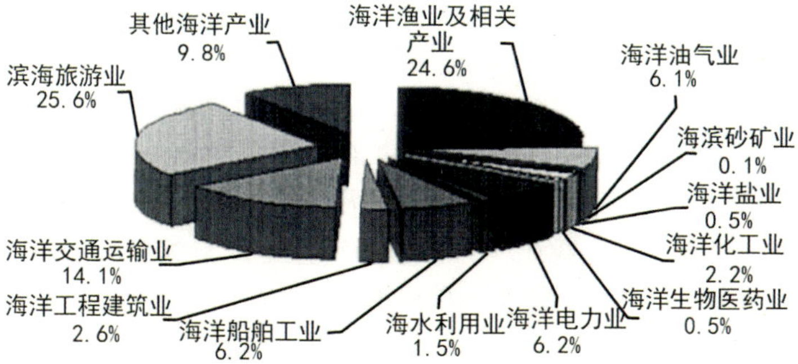

图2–11　2006年各海洋产业所占份额
数据来源：2006年中国海洋经济统计公报

2006年全国主要海洋产业总产值18408亿元。其中，滨海旅游业虽然最多，但是只占到海洋生产总值的25.6%，2016年比2006年增加16.5个百分点；

海洋交通运输业从2006年的14.1%，跃居到2016年的21.0%，上升了6.9个百分点，从第三位跃居到第二位。

根据海洋产业结构分类，海洋第一产业是指海洋水产业，包括海洋渔业和捕捞业；海洋第二产业包括海滨砂矿业、海盐与盐化工、海洋油气业、沿海修造船业；海洋第三产业包括海洋运输业和滨海旅游业。从图2-10和图2-11产业结构比例图中可以看出，我国海洋第一产业所占比重逐渐缩小，而第二产业所占比重逐渐增大。第三产业所占比重的增加更为为显著。2016年海洋第一产业增加值3566亿元，第二产业增加值28488亿元，第三产业增加值38453亿元，海洋第一、第二、第三产业增加值占海洋生产总值的比重分别为5.1%、40.4%和54.5%。

三、我国海运业国际竞争力提高的原因探究

从新中国成立至今，我国海运业经历了从无到有、从有到逐渐壮大的发展历程。

新中国成立之初，我们没有自己的远洋商船队，1961年4月中国远洋运输公司和广东远洋公司的成立，宣告我国有了自营的第一支远洋船队，计5艘船舶，3.4万载重吨。但货运能力非常小，1962年的货运能力仅为14万吨，不足外贸海运量的1%，当时的外贸运输任务仍然依靠外轮完成。通过财政拨款、国货国运、营运补贴、税收优惠等一系列国家航运保护政策，至1975年，中国远洋船队的总吨位突破了500万载重吨，本土远洋船队的承运量已占进口货物中我方派船运输额度的70%，基本上结束了依赖租用外轮的历史。

改革开放后，我国对海洋运输业进行了重大改革。与其他国有企业一样，海洋企业也经历了放权让利、承包经营责任制、转换经营机制和建立现代企业制度几个阶段，而与其他面向国内市场的国有企业不同的是，海运企业必须更快地与国际规则接轨。实际上，在WTO服务贸易多边谈判的推动下，我国的航运政策已经从航运保护主义逐步走向航运自由主义。我国的航运自由化政策主要有以下方面。

（1）取消了财政优惠政策

1981年起，国务院决定对实行独立核算、有偿还能力的航运企业的造船买船投入，均由原先的计划拨款改为企业贷款。20世纪90年代中期以前，航运

企业买船还能享受国家的优惠贷款利率，现已取消。

自1985年起，我国开始对航运企业征收所得税，航运企业与其他服务类企业一样，需要缴纳营业税、增值税、城建税、所得税和车船使用税等税种。

（2）取消了货载保留政策

1988年以前，我国基本上实行国货国运政策。根据《联合国班轮公会行为守则》，外贸运输货源的40%由我国航运企业承运，由国家外贸平衡会议统一分配，各航运企业只要围绕着国家指令性计划执行运输任务即可。1988年7月，国务院口岸领导小组在《关于改革我国国际海洋运输管理工作的补充通知》中宣布货代、船代业务全部放开经营，对外贸进出口货物的运输不再执行我国货载保留份额，国有航运企业全面走向市场。

（3）对外国航运企业开放海运市场

20世纪80年代至今，我国采取了一系列开放海运市场的政策：1985年批准第一家中外合资国际航运企业、1986年批准第一家外国航运公司设立代表处、1994年批准第一家外国航运公司设立独资船务公司、1996年批准第一家外国航运公司设立独资集运公司。外国航运企业可以在我国开放的100多个港口装卸外贸货物。而且，通过设立中外合资企业，航运企业也可以从事很多国家尚未实施保护的沿海运输。

实施开放的航运政策之初，这些政策确实给我国航运企业带来了较大的冲击。1988年取消货载保留政策之后，占我国航运运力78%的中远集团在我国海运市场的承运份额逐年下降，从1980年的49%降低到1997年的14.1%。1992年统一了中外船舶港口使用费标准后，国有航运企业的港口使用费平均提高一倍以上，1994年取消了造船优惠利率后，当年的造船利率立即从7.2%上升到15. 39%，这些优惠政策的取消无疑加重了企业的成本负担。但在取消航运保护政策的同时，我国也遵循国际规则给予航运企业一系列航运自由化政策。比如，允许本国航运企业海外造船、海外注册船舶、悬挂方便旗、雇用国外廉价劳动力、减少船舶登记费用等，这一系列符合国际惯例的政策极大地提高了我国航运企业的国际竞争力。根据联合国贸发会议的统计资料，进入21世纪以来，方便旗船约占我国海运企业船队总载重吨的50%，且船龄小，载重吨大，经济效益也明显提高。到目前为止，我国中外合资水路运输企业达120家，国（境）外航运公司驻华代表机构350家，外国航运企业在华独资子公司及分支机构70家，在华外资国际货运代理企业467家。全世界排名前20位的大型班轮公司都已经进入了中国市场，有67家外资班轮公司船舶挂靠我国港口。经营国内沿海、内河运输的中外合资企业达64家。在从我国港口开出的2200多航班中，外资班轮公司经营的有914个，占航运总数的41%，班轮航线比例占航线总数的50%。由此可见，我国的航运市场是一个开放程度很高的市场。

我们必须看到，21世纪以来我国本土航运企业在海上货物运输中所占市场份额的逐渐提高，是在没有政府特殊政策保护、充满竞争的国际市场环境中获得的。事实证明，一个自由的航运市场更有利于海运企业的成长。譬如，中国远洋集团在1961年成立之初只有4艘船舶，2.26万载重吨，20世纪70年代末的运力也只有几百万载重吨。2002年4月中远航运在上海证券交易所上市后，公司规模迅速扩张，截至2016年底，已经经营着1082艘现代化商船，共计8168万载重吨。从全国来看，1975年我国远洋船队只有500万载重吨，1996年达到3600万载重吨，2000年为3900万载重吨，2005年为5700载重吨，2016年突破2亿载重吨。

改革开放之前的航运保护主义虽然使本土航运企业能够在进口货物方面占据70%的国内市场份额，但在全球航运市场上，我国航运企业在20世纪70年代却只占有0.4%的市场份额，20世纪80年代也才达到1.6%的市场份额。20世纪90年代以来，我国逐步放弃航运保护政策，实施航运自由化政策，却使我国航运企业无论在运输的绝对数量，还是在全球航运市场的份额上，均获得提高。我们认为，我国海运企业已经拥有在国际航运市场上独立竞争的能力，海运强国正在向我们招手。

第三节　大陆桥

一、西伯利亚大陆桥的启迪

1. 大陆桥是陆海空联运的通道

20世纪60年代末，由于埃以战争爆发，苏伊士运河关闭，航运中断。同时，由于石油危机的冲击，再加上苏联东进开发西伯利亚的需要，日本和苏联联合开发陆桥运输：从日本将货物用集装箱船运送到苏联东部的纳霍德卡港和苏维埃港，再利用西伯利亚铁路，和东欧、西欧各国铁路衔接起来，运达欧洲有关车站和港口，之后再通过公路、海运与空运等手段，运达目的地。

由于该大陆桥包含着漫长的西伯利亚铁路，故称“西伯利亚大陆桥”。又因该陆桥运输线具有广泛的国际联运性质，所以后来又称它为“亚欧大陆桥”。20世纪90年代初又出现了由我国规划的“新亚欧大陆桥”，为了将二者区别开来，人们就把原来经过西伯利亚的亚欧大陆桥改称为“第一亚欧大陆桥”。

第一亚欧大陆桥全长13000多千米，比经苏伊士运河、好望角、巴拿马运河的海上航线运距分别缩短7700千米、14000千米、10000千米。其运期也相应缩短，货物约提前一个月到达，运费也可节约25%左右。这座大陆桥发挥了运距近的优势，提高了运输的经济效益，深受各参与运输国客商和转运公司的欢迎，因而得到了快速发展。吸引了太平洋西岸的日本、韩国、菲律宾、新加坡、印度尼西亚、澳大利亚和我国台湾省，鼓舞了中东的伊朗、叙利亚、土耳其等，激励了北欧的挪威、瑞典、芬兰、丹麦，东欧的波兰、德国、捷克、斯洛伐克、匈牙利、罗马尼亚、保加利亚，西欧的英国、荷兰、比利时、法国、奥地利、瑞士、卢森堡，南欧的西班牙、葡萄牙、意大利、希腊等国家和地区先后加入陆桥运输贸易，取得了前所未有的业绩，第一亚欧大陆桥成为当今世界上已有大陆桥中运作最好也最为活跃的一座。

由此可见，大陆桥运输是指利用大陆桥，把大陆两端的海洋运输连接起来的海陆联运的集装箱运输方式，即海—陆—海的连续运输方式。

现代意义上的大陆桥运输，实际上是以铁路为主体，以集装箱为媒介，海运、空运、陆运、河运、管道等多种运输方式相结合，横跨洲际大陆，实行海陆衔接，成为“一单到底”的国际多式联运。

与传统的国际运输方式相比，大陆桥运输具有明显的优势：

（1）运输距离大为缩短

大陆桥横穿大陆，比绕道海路近得多。目前世界上开通的西伯利亚大陆桥、北美大陆桥和新亚欧大陆桥三座主要大陆桥，均比传统的海运路线缩短1/3~1/2。

（2）速度快、时间短

由于大陆桥运距缩短，且能使用铁路集装箱专用直达列车，中间环节少，运行速度快，因此节省了大量的途中运输时间，并使运行时间有了保证。

（3）运行质量高

大陆桥运输实行“一单到底”的“门到门”运输，手续简便，责任明确，加上陆上运输安全可靠，集装箱运输货损、货差减少，具有运行质量高、效益好的特点。

2. 大陆桥运输前景

从发展趋势看，随着现代科学技术的迅猛发展和世界经济一体化进程的加快，大陆桥运输前景广阔，潜力巨大。

（1）交通工具的现代化、高速化，对大陆桥运输产生巨大的推动作用

现代科学技术的迅猛发展，促进了包括火车、汽车、飞机、轮船等在内的交通工具的现代化、高速化，特别是速度超过500千米/时的磁悬浮列车和高铁投入商业运行，标志着铁路运输进入一个新的时代。这对以铁路运输为主的大陆桥运输，产生了不可估量的推动作用。

（2）国际贸易快速增长，迫切需要发展高效的大陆桥

当今时代，世界经济的显著特征是区域化、集团化、一体化，由此推动着国际贸易以惊人的速度增长。1952年世界商品贸易总额为600多亿美元，到1975年，迅速发展到9000亿美元，到2002年则高达64240亿美元。同时，随着科学技术的进步，国际贸易中适合集装箱运输的知识技术密集型产品大量增加。这就迫切要求改革传统的国际贸易运输方式，大力开展便捷、高效、可靠的陆桥国际多式联运，以缩短运距，降低运费，提高运输质量，加速货物运转。

（3）集装箱运输的迅速普及，预示着大陆桥运输开发潜力巨大

随着世界产业结构、产品结构的不断升级换代，集装箱运输已成为国际上普遍采用的一种先进的运输形式。20世纪60年代集装箱货物运量仅占整个海上贸易的12%~14%，到20世纪90年代，已上升到23%左右，而其价值已占世界贸易的80%。集装箱运输的迅速普及，既为大陆桥运输提供了稳定的箱源，促进着大陆桥运输的发展，又预示了大陆桥运输的巨大发展潜力。大陆桥运输的兴起正在引发交通史上的一场新的伟大革命，将把世界交通运输推向一个全新的历史阶段。

二、新亚欧大陆桥

新亚欧大陆桥是1990年我国的北疆铁路与苏联的土西铁路接轨后而闻名的。它东起我国的连云港，经陇海铁路、兰新铁路和北疆铁路，在阿拉山口与苏联的土西铁路接轨，经哈萨克斯坦、俄罗斯和欧洲其他一些国家而终达荷兰

的鹿特丹港，全长11898千米。该陆桥横跨亚欧两大洲，直接连接太平洋和大西洋，为了区别于途经西伯利亚铁路的老亚欧大陆桥，人们称之为“新亚欧大陆桥”，由于西伯利亚大陆桥也称为第一亚欧大陆桥，所以新亚欧大陆桥也叫“第二亚欧大陆桥”。

新亚欧大陆桥为使其受益地区尽可能地扩大，某些区段由多支组成，具体可划分为东、中、西三段。

1. 东段

即江苏的连云港—徐州—安徽的砀山—河南的商丘—开封—郑州—洛阳—三门峡—陕西的潼关—渭南—西安—宝鸡—甘肃的天水—兰州—武威—张掖—嘉峪关—柳园—新疆的哈密—吐鲁番—乌鲁木齐—阿拉山口—哈萨克斯坦的德鲁日巴—阿克斗卡。

2. 中段

中段分支较多，且节点又未归一，故中段线路区间设定为从阿克斗卡起，到并入第一亚欧大陆桥的莫斯科及其以西节点站止，共有四种走法。

①哈萨克斯坦的阿克斗卡—塞米巴拉金斯克—俄罗斯的维谢洛亚尔斯克—鞑靼斯克—鄂木斯克—秋明—叶卡捷琳堡—彼尔姆—基洛夫—雅罗斯拉夫尔—莫斯科。

②哈萨克斯坦的阿克斗卡—塞米巴拉金斯克—俄罗斯的维谢洛亚尔斯克—鞑靼斯克—鄂木斯克—秋明—叶卡捷琳堡—乌斯季诺夫—喀山—莫斯科。

③哈萨克斯坦的阿克斗卡—莫印特—卡拉干达—切利诺格勒—俄罗斯的马格尼托哥尔斯克—乌法—萨马拉—塞兹兰—梁赞—莫斯科或斯摩棱斯克。

④哈萨克斯坦的阿克斗卡—阿拉木图—楚城—阿雷斯—克齐尔—奥尔达—阿拉尔斯克—俄罗斯的索利—伊列茨克—哈萨克斯坦的乌拉尔斯克—俄罗斯的萨拉托夫—坦波夫—布良斯克—白俄罗斯的戈梅利—扎宾卡。

3. 西段

西段有两条线路，但起点不同：

①俄罗斯的莫斯科—斯摩棱斯克—白俄罗斯的明斯克—扎宾卡—布列斯特—波兰的华沙—波兹南—德国的柏林—奥斯纳布吕克—杜伊斯堡—荷兰的阿纳姆—鹿特丹；

②俄罗斯的布良斯克—乌克兰的基辅—文尼察—利沃夫—匈牙利的布达佩斯—奥地利的维也纳—德国的慕尼黑—法兰克福—杜伊斯堡—荷兰的阿纳姆—鹿特丹。

云南的专家学者们提出了“第三亚欧大陆桥”构想：以深圳港为代表的广东沿海港口群为起点，昆明为枢纽，经缅甸、孟加拉国、印度、巴基斯坦、伊朗，从土耳其进入欧洲，最终抵达荷兰鹿特丹港，横贯亚欧21个国家。

亚欧大陆桥如图2-12所示。

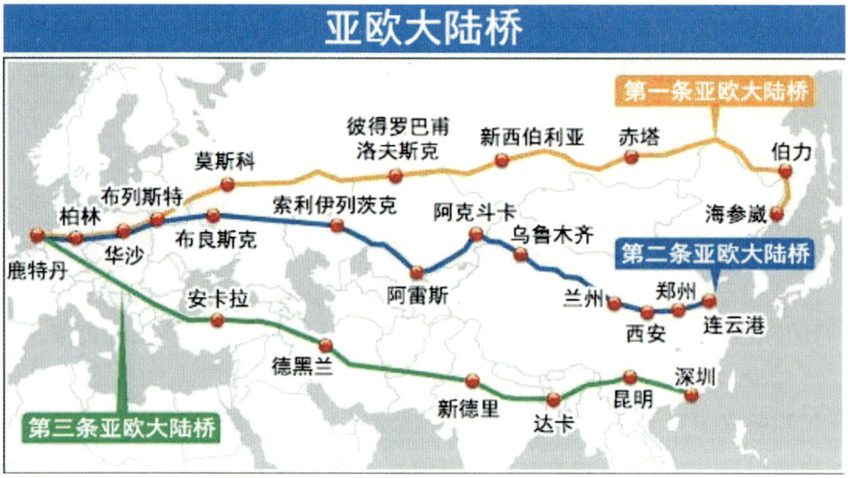

图2-12　亚欧大陆桥（360图片）

第四节　桥头堡

桥头堡是大陆桥运输的起点或中转地，它将多种运输方式结合起来，承担国际贸易和国内贸易的水陆中转任务。桥头堡一般是联结国内外两个市场的国际化、多功能的大型海港城市。

一、大陆桥发展对桥头堡的要求

为满足现代大陆桥发展的需要，大陆桥桥头堡一般应具备下列条件：

（1）地理位置优越

与周边范围内的主要港口联系方便，相对海运里程短，路途便捷，通达的国家和地区较多。

（2）港口条件良好

港口自然条件好，气候条件适宜，全年作业时间长，码头前沿水深应在11米以上，航道条件好，不冻不淤，陆域开阔，自然岸线长，具有大、中、小多种泊位和多种类型的码头，至少应当拥有第三代、第四代集装箱船专用泊位，现代化装卸、储存等各种设施配套完善。

（3）经济腹地宽广

桥头堡要具有宽广的经济腹地，并且要有铁路、公路、水运、管道等多种运输方式组成的集疏运网络。

（4）城市发展空间充足，功能多样化

桥头堡城市要有广阔的发展空间，良好的自然环境，有发达的商业贸易和相当规模的临海工业，城市功能多样化，具备发展大型港口城市的基本条件。

（5）城市群形成

随着大陆桥运输的发展和辐射功能的增加，在大陆桥两端必然会并入多个港口和交通枢纽。因此，大陆桥桥头堡往往由一组相邻的港口城市群所组成。

二、我国确定的新亚欧大陆桥双桥头堡形成

随着我国港口、铁路建设的迅速发展，新亚欧大陆桥（中国段）的运输通道与东方桥头堡也在不断壮大。20世纪80年代中期，山东省日照市的日照港、岚山港和新（乡）日（照）铁路投入运营，黄淮流域又增添了一条东西交通大动脉和新的出海口岸。1991年，建设部、国家计委在制订陇海兰新地带城镇体系规划时，确定新日线为新亚欧大陆桥东部的北通道，日照为北桥头堡。1994年11月，侯（马）月（山）铁路全线贯通，形成东起港城日照，西至古城西安，跨越京沪、京九、京广、焦枝、同蒲五大南北干线，与陇海线相平行的又一条东西大动脉，日照与连云港一起，形成新亚欧大陆桥东部Y形双通道、双桥头堡的格局。

日照与连云港同处于我国大陆沿海中部，水陆相连，港路相通，日照港、岚山港两港分别距连云港72千米、44千米。两市基本上处于我国海上南北运输通道的中部，地理位置适中，与亚太地区各主要港口联系便捷。

日照港、岚山港均是我国屈指可数的深水良港，两港湾阔水深，不冻不淤，岸线稳定，地质条件良好。可建设各类泊位200多个，吞吐能力可达1.5亿~2亿吨。日照港（图2-13）岸线外延1千米，自然水深达13米，现有10万吨级码头前沿水深17米，天然锚地水深18米以上。纵观当代国际集装箱大型枢纽港或转运中心，都有很好的水深条件，否则，很难建设成第四代、第五代甚至第六代集装箱船专用泊位。

图2-13　日照港（360图片社）

图2-14　连云港港口（360图片社）

连云港地处陇海铁路的东端，是我国首批对外开放的14个沿海城市之一。连云港不仅是淮海经济区，也是陇海兰新地带最便捷的进出口口岸（图2-14）。

目前连云港已建成了34个泊位，其中万吨级以上泊位20个，年吞吐能力3000万吨。与160多个国家和地区的1000多个港口建立了通航关系，开通了多条国际集装箱班轮航线。港外的拦海大堤工程已建成合龙，把东西边连岛和连云港陆地联结起来，在岛港之间形成了30平方千米的优良港池，并具有一个与港口相适应的铁路、公路、水运、空运齐备的集疏运网络。2014年，连云港集装箱运量位居全国第十位。

此外，日照、连云港两港具有丰富的自然资源、人文资源，经济发展潜力巨大。

连云港市重点实施“开放兴市”“以港兴市”“科教兴市”三大战略，努力把连云港建设成为经济繁荣、设施先进、功能完备、环境优美、有较强辐射带动能力的崭新的东方桥头堡，建成新亚欧大陆桥国际集装箱过境运输主枢纽港，连接太平洋沿岸国家与中亚地区的国际性海港城市，国家级风景名胜区、国际贸易中心地带。

面对沿大陆桥地带开发开放的历史性机遇，日照市委、市政府确立了“立足桥头，面向世界，服务腹地，以港兴市”的战略思想。经过多年的艰苦努力，日照建设成东连亚太经济圈、西接欧洲大市场的海陆交通枢纽，成为内陆腹地扩大对外开放的窗口，逐渐成为陆桥经济带发展的龙头。

三、桥头堡有众多的、相邻的港口城市群

1. 上海港是新亚欧大陆桥（中国段）多桥头堡战略中的必选良港

上海地处长江三角洲前缘，东临东海，北接长江入海口，交通便利，腹地广阔，位置优越，是一个良好的江海港口城市，是我国航运中心、国际枢纽大港，是我国最大的港口城市和外贸口岸。国际集装箱货物吞吐量连续多年以超过30%的速度递增，2000年以561.2万标准箱的骄人业绩跃居世界第六。2002年，又以861万标准箱的跨越式发展，位居世界集装箱大港的第四名。2014年，上海港完成3528.5万标准箱，仍然雄踞我国乃至全球集装箱港口第一位。我国沿海和内河港口（不含香港）中，集装箱吞吐量排名前十位的港口依次是上海港、深圳港、宁波—舟山港、青岛港、广州港、天津港、大连港、厦门港、营口港、连云港港。

这个人口仅占全国1%、土地面积占全国0.06%的城市，完成的工业总产值占全国的1/12，港口货物吞吐量占全国的1/10，口岸进出口商品总额占全国的1/4，财政收入占全国的1/8，并在改革开放、产业升级、科技创新等方面发挥着示范作用，为全国现代化建设做出了重要的贡献，成为长江三角洲乃至中国社会经济发展的龙头。把上海作为新亚欧大陆桥东方桥头堡辐射港之一，是明智的现实选择，上海作为全国经济增长的“发动机”，也必然会辐射和带动陆桥经济带的发展。

2. 天津港是新亚欧大陆桥（中国段）多桥头堡战略中的重要良港

天津港码头设施先进，国际航线多，码头岸线总长2073米。目前，已拥有集装箱专业泊位8个，与世界160多个国家和地区的300多个港口有运输关系。平均每天至少有一个集装箱航班开往日本、中国香港；平均每三天便有两个航班开往韩国；通往美国、加拿大、波斯湾、欧洲和地中海等国家和地区的集装箱航线也已实现周班或双周班服务。天津有三条路可通至亚欧大陆桥运输线。第一条线，经京沈线、大郑线、平齐线、滨州线至满洲里国境站

转西伯利亚铁路去欧洲；第二条线，经京包线、集二线至二连浩特国境站，经蒙古国后与西伯利亚铁路衔接去欧洲；第三条线，经京包线、包兰线、干武线、兰新线至阿拉山口国境站，再经阿克斗卡去欧洲。2012年，天津港集装箱吞吐量超过鹿特丹港，首次跻身世界十大集装箱港行列，并坐稳自己的位置。2013年，天津港向迪拜港发起争夺第九名的挑战，两港差距缩小到60万标准箱左右。2014年天津港集装箱吞吐量超过1400万标准箱，与上海港、青岛港等位列全球港口前十位。

3. 香港港口利用新亚欧大陆桥的可行性

香港作为世界著名的自由港，经济繁荣，交通便利，外贸活跃。2001年，香港生产总值高达12965亿港元，进出口贸易总额达30491亿港元，集装箱货柜吞吐量达1782万标准货柜单位（TEU）。香港港口自然条件优越，集疏运系统发达，随着京九铁路的开通，内地与香港间的交通网络更加畅通，已经形成铁路、公路、水运、航空综合运输体系，内地已成为香港经济发展的可靠腹地。

香港是世界集装箱运输中转的第一大港。2002年，香港以1860万标准箱的业绩独占鳌头，其中的1/3以上运往欧洲。2000年初，货柜码头的范围扩展至青衣南部， 2004年之前，葵青货柜码头是全球最繁忙的货柜港口，之后被新加坡超越，再于2007年被上海超过，现排名第三。

由上述可知，新亚欧大陆桥为香港港口的发展提供了良好的前景。香港利用新亚欧大陆桥开展多式联运，不仅取决于香港东部铁路自身的技术设施、运输组织和经营管理，更取决于内地铁路运输系统的设备条件、经营状况，以及新亚欧大陆桥的进一步完善。

4. 东北亚桥头堡

刘国斌在《“一带一路”基点之东北亚桥头堡群构建的战略研究》一文中指出，东北地区的区位优势及多年的对外开放决定了它在这一伟大构想中应发挥的重要作用。特别是近年来在国家桥头堡战略的实施过程中，构建东北亚桥头堡群定会在对外开放中取得巨大成效。因此，东北地区应认真贯彻国家“一带一路”构想，依托区位优势，切实找准在“一带一路”建设中的战略定位，努力融入“一带一路”建设规划，为推进“一带一路”建设完成地区使命。一是以珲春为中心，依托图们江国际合作示范区，面向朝、俄，打造环日本海经济圈桥头堡；二是以丹东为中心，打造环黄渤海经济圈桥头堡；三是以满洲里为中心，打造内陆经济协作圈桥头堡。最终，要将东北地区建设成东北亚重要的国际物流中心和东北亚重要的金融中心。

第五节　特种船

目前，国际上对特种船还没有明确的界定，一般来说，特种船是指："具有专项特殊能力，并能以特殊方式进行某一类货物的装卸和运输的干货和散装液体货船。"这里所说的"特种干货船"，主要有专业重吊船、滚装船、半潜船、汽车船、散装水泥船、活畜船、以运输特长件兼运滚装货的多用途船。"特种散装液体货船"，主要包括液化石油汽船、液化天然气船、油船、危险化学品船等。世界上很多国家都从船舶行业标准的角度，在对船舶进行分类的基础上，对特种船作了具体的划分。我国现行的船舶行业标准中，对船舶作了比较详细的分类，其中将危险化学品船、散装液态气体船、油轮、部分海上航行的客船都归类为特种船。

随着经济的发展和船舶标准化、专业化程度的日益提高，这些"特种"船舶的运输对象已经变得非常普通，运输活动不再显得那么特殊，就像集装箱船一样，已经成为一种专门从事人或某类一般性货物运输的非常普遍的船舶类型。

一、几种特种干货船

1. 半潜船

半潜船的名字，是基于其操作模式来定义的：在运输大型水上浮体时，运输船的压载水舱先灌水，把主船体部分压到水线以下一定的深度（这时上层建筑及甲板机械仍处在水线以上），然后把需装载的浮体移到本船甲板上方，定好位后开始排压载水，一直到船舶上浮至能将浮体托离水面并达到预定的水线，然后半潜船携带装载浮体航行至运输目的地。之后重复上述动作：下潜、卸货。

半潜式特种工程船，主要用途是运送各种海上或陆上的大型物件，如钻井平台、中小型舰船、建筑物构件等，也可装载滚装货物及铺设海底管路的电缆等。当今世界各国对海洋石油开发力度不断加大，加上通信业的迅猛发展，急需敷设大量的海底电缆和光缆，从而对半潜船的需求日益增加。例如，目前世界上大多数海洋石油钻井平台正处于保修期，急需半潜船将这些海洋石油钻井平台运到船厂保修。另外，因更换钻井位置而要移动海洋石油钻井平台时，没有半潜船来搬运是无法完成的。因此，半潜船市场经营情况被普遍看好，利润极高。据统计，有动力远航能力的半潜式特种工程船，全世界仅有30多艘，供不应求。

半潜式特种工程船，是高技术含量和高附加值的船舶。目前世界上只有少数几个国家和地区具备大型半潜船的设计制造能力，有关的关键技术资料和研究报告很少。我国航运已经开始进入这一市场，我国第一艘半潜船“泰安口”号（图2-15），早在2002年就交付使用。半潜船带动了我国海洋资源开发和海洋工程等相关工业的发展，对我国国民经济的发展以及国防的建设也起到了积极的推动作用。

图2-15　我国第一艘半潜船“泰安口”号（360图片社）

2. 重吊船

重吊船（图2–16），也叫重大件运输船。顾名思义，这种船的特殊性就在于其配备起重能力达到几百吨的重吊，具有两层或三层货舱甲板，主甲板区域宽敞，舱口大，适合装运成套设备及超高、超长、超重的特大件货物。由于此类货物装运要求相当高，一般的船舶均不能胜任，所以专业的重吊船深受市场青睐，成为当今世界航运市场走红的新型船。重吊船与一般多用途船的主要区别，在于吊杆能力以及甲板承载能力。

图2–16　重吊船（360图片社）

重吊船的需求增长，主要来自于装备制造业，特别是以中国为代表的新兴装备制造国的兴起，改变了全球装备业的制造和运输格局。现在，全球重吊船的运距和运量都在大幅度地增长。

3. 汽车船

汽车船，是专门设计用以装运汽车、卡车或滚装货物的专用船舶（图2–17）。其特点是方便、快捷、效率高，有良好的安全性和适货性。汽车滚装船有10~14层甲板，最多可载运6000多辆小轿车，避免了滚装船舱室空舱浪费这一缺点，降低了运输成本。它是靠可移动的、可调节高度的汽车甲板及网格式花铁板作为舱隔来固定汽车的，节省了绳索、衬垫等大量绑扎材料，对汽车的安全保护非常好，货损货差小。由于

图2–17　汽车船（360图片社）

其所载货物单一，其装卸方式也就相对简单，因此对装卸工艺要求不高。但是，由于汽车滚装船结构特殊、复杂，因而对船舶建造技术要求很高；船舶管理也更严格，对船员素质的要求也比普通集装箱船和散货船高。

二、特种船的特殊性

1. 特种船运输技术含量高

从事特种货物远洋运输，对船舶装备和技术人员的技术水平有较高要求。设计和实施承运方案需要船员和有关人员掌握力学（包括流体力学、理论力学和材料力学）、数学、气象学、海浪作用（特别是非线性作用）规律和计算机模拟操作等有关知识。特种船因受货物的重量（超重）、尺寸（超长）、运输方式（零散、不适箱）以及目的地中有些港口基础设施落后等因素的影响，其船舶装备和技术含量要求也就更高。

2. 市场准入门槛高

特种货物远洋运输市场对进入该市场的船舶装备水平、专业技术水准、实际操作经验、运输方案设计能力、管理水平以及资金实力等方面的要求较高。随着工程设备的构造日益复杂、体积日趋庞大、单件重量增大、个性化程度和随机性的要求也日益提高，使用单位对特种船的承运能力和技术水平也提出了更高的要求。因此，目前全球涉足该领域的航运企业仍较少。

3. 行业利润水平高

特种船运输市场由于技术水平相对较高，参与竞争的航运企业较少，属于垄断竞争性行业，其投入产出水平高于航运业的平均水平。

4. 特种船运输市场相对稳定

特种货物远洋运输的货源需求与世界宏观经济和国际贸易量的增长密切相关。但由于这些货物均为物质生产过程中的上游产品，因此受宏观经济影响程度相对较低，相应的滞后期一般也较长，对短期经济波动、消费者信心和消费能力的影响敏感度较差。同时，特种船的建造相对复杂，造船周期长，运力增加较为缓慢。因此，与航运业整体特点相比，该细分市场相对稳定。

5. 不可替代性

特种船所运输货物性质和结构的特殊属性及其自身的特殊性，决定了其运输的不可替代性。首先，陆、空两种运输方式无法代替特种船所从事的运输活动；其次，即使是海上运输，一般的船舶也不具备运输特种货物的能力，必须让专业的特种船运输。

半潜船是特种船市场中进入壁垒最高的细分市场。高资金壁垒、高技术壁垒、高客户壁垒、高承载货物价值担保壁垒，使得目前全球该市场只有包括中远航运在内的两家企业垄断经营。

三、我国几种特种船的发展现状

1. 半潜船

中远集团旗下的中远航运，在特种船领域虽然起步晚，但发展迅速，目前已有中国最大的半潜船运输船队，现有“泰安口”号、“康盛口”号和“发展之路”号3艘半潜船，并一直在寻找适合的船厂，筹建2艘新船。也就是说，中远航运将拥有5艘半潜船。

2. 汽车船

相对于半潜船和重吊船，世界上参与汽车船运输的船队规模和数量都较大。目前，世界上的汽车船运输公司主要有6家。其中我国的中远航运目前拥有4艘汽车船：一艘850车位，两艘750车位，还有一艘2950车位的大型汽车船。另外，我国的中海集团也成立了汽车船运输公司，目前有两艘3294车位的汽车船。

目前，六大公司控制了全球汽车航运市场60%以上的份额，基本进入稳定阶段。而我国沿海汽车航运市场方兴未艾，随着我国汽车产量的快速增长和汽车制造业利润水平向全球低平均水平的快速靠拢，具有低损耗、低成本优势的汽车航运市场将获得较大的发展空间。目前，随着我国汽车企业在世界汽车工业体系中地位的逐步提高，提高我国在全球汽车航运市场中的份额已成为必要策略。

3. 重吊船

目前，全球经营专业重吊船的公司大多集中在欧洲，主要有荷兰BigLift公司、荷兰Jumbo公司和德国SAL公司等，分别拥有和控制了14艘、12艘和14艘重吊船。其中BigLift公司以联合经营方式控制的14艘重吊船已包括中远集团的4艘。BigLift的船型最为丰富，特别是在1万吨以上的重吊件方面具有优势，容易获得油田服务等较为高端的客户。Jumbo公司拥有起重能力达到1000吨以上的大型重吊船，其特点是适应力强，对港口岸线条件要求低。作为我国第二大航运企业的中海集团也积极致力于发展重吊船运输，与Jumbo公司在重大件运输方面合作成立了中海重大件运输有限公司，大力开发全球，特别是中国地区的重大件和大型项目物流的运输市场，并通过成熟的全程运输技术，富有创造力和有深度的可行性研究、智能化的计划和配载统筹，为客户提供门到门的、局部和全球性的全程运输服务。

随着全球经济飞速增长，各国对能源需求量与日俱增。采油、探矿，已成为各发展中国家纷纷上马的项目。中东、南美、非洲等地区，正源源不断地进口成套设备，以及一些体形庞大、装卸困难、绑扎难度大的笨重装备，如石油开采平台等。而水路，是这些庞然大物运输的必由之路。我国作为大型设备输出国，迫切需要特种船队为之服务。

第三章

关联产业

——整个世界是相互联系的，世界是一张联系之网

运输是实现人和物空间位置变化的活动，与人类的生产与生活息息相关。人类社会经济生活的一个重要属性就是移动性，人类日常生活所需的原料、能源、生产生活资料，都需要在移动中完成分配和再分配。这些移动和分配是人类日常生产生活的重要组成部分，并构成了覆盖全球的运输大系统。与此同时，运输对各类生产活动的空间位置关系起着重要的作用：运输在把全球不同区域的经济活动、流动人群联系在一起的同时，又创造了价值。

由此可见，海洋运输业作为服务性行业，其社会经济效应不仅体现在行业本身的收益上，而且更多地体现在对其他产业、行业的支撑与推动上。

第一节　海洋运输业是海洋经济的主导产业

一、海洋运输业的特点

随着海洋运输业的不断发展、完善，该产业与其他产业的关联性越来越强，这些产业不仅包括海洋产业，也涵盖了很多陆域产业。海洋经济和陆域经济在空间上相互衔接，产业发展程度上相互渗透，技术上相互依赖，二者相依相存，互动发展。因此，海洋交通运输业的产业优化不仅应该从产业自身找依据，也应该从相关产业和沿海省市的经济状况和产业结构上发掘问题。各产业相互协调，海洋交通运输业的桥梁作用才能得以发挥。

1. 是海洋经济的传统产业

海洋运输业历史悠久，是海洋经济的传统产业之一。从远古渔民驾船出海捕鱼，到中国明朝时期的郑和七下西洋，再到如今中国有数千家公司专门从事近海和远洋运输业务，我国海洋运输业经历了从小到大、从弱到强的发展历程。虽然近年来，海洋油气、海洋医药等产业纷纷兴起并稳步发展，但海洋运输业在海洋经济中的基础性地位仍牢不可破，并一如既往地推进着海洋经济的发展。

2. 是海洋经济的支柱性产业

海洋运输业是海洋经济的三大支柱性产业之一。近几年来，海洋运输业总产值在海洋经济总产值中的比重都保持在15%上下。因此，在海洋经济的发展过程中，海洋运输业做出了巨大的贡献。要想发展海洋经济，便要加快其支柱性产业的发展，也就理所应当大力发展海洋运输业。

任何海上作业活动都离不开海洋运输的支持。特别是在进行远洋捕捞、科考、勘探等活动的时候，海洋运输可以帮助人和物实现空间位移，从而使得这些活动得以开展。同时，海洋运输业还会推动其他海洋产业的发展。比如，海洋运输业的发展可以拉动港口城市的经济，增加城市对电力的需求，从而促进海洋电力的发展；海洋运输业的发展可以促进城市的对外交流，吸引更多的游客前往，从而推动滨海旅游业的发展；海洋运输业的发展可以加快物资的流动，加大海产品的需求，从而推动海洋渔业的发展；海洋运输业的发展更是可以直接带来造船和修船业的兴起。

3. 能够促进产业结构调整

世界各国经济发展过程都证明：在国家或地区经济发展过程中，产业结构总是处于动态演变之中，虽然不同国家和地区的产业特点和产业组成各不相同，但产业结构演变都遵循着普遍的规律，即随着经济的发展和人均国民收入的提高，劳动力逐渐由第一产业向第二产业随后向第三产业转移；从国民经济各产业部门对生产要素的需要程度或生产要素在该部门的密集程度而言，劳动密集型产业逐步向资金、技术密集型产业发展。技术密集型产业的规模和水平反映了一个国家的科学技术水平和社会经济现代化程度，代表了一个国家或地区的经济实力。

交通运输通道的建设完善，必将带动沿线地区产业升级，促进产业结构调整。以高速公路为例，一条高速公路投入运行3~5年后，其两端的大城市沿高速公路走向延伸发展，在各城市出入口附近形成一系列经济开发区，并以高速公路为轴线形成一条“经济走廊”。美国加利福尼亚州硅谷高技术产业带、波士顿128号公路高技术产业带、英国苏格兰电子工业中心都是沿高速公路发展起来的。

4. 可以促进经济空间结构合理化

所谓经济空间结构，是指社会经济客体在空间中相互作用形成的空间集聚程度和集聚形态。从区域经济学角度而言，这里说的“空间”包括多种类型的经济客体，如农业、工业、居民点、交通和通信设施、文化及商业供应设施等。在空间结构所包含的各经济客体中，交通运输通道担负着整个空间产品的运输与信息交流，对区域经济空间结构的合理运动起着润滑和枢纽作用。

交通运输通道对区域经济空间结构合理化的促进作用表现为：当其与社会经济客体达到最佳空间吻合时，就能最大限度地促进区域经济的发展。一般而言，当两个城市间修建交通线路时，交通运输对物资交流的促进必然加快以城市为中心的城市经济空间迅速发展，即“点—圈”经济空间结构模式的发展。同时，在沿线两侧，由于交通运输的影响，物资、信息流动速度加快，必然产生带状经济发展区域，产生“点—轴”经济空间结构模式。这两种模式的建立及其运作效果与交通运输通道建设的技术等级、城市发展潜力有着极其密切的关系。

新亚欧大陆桥运输通道畅通后，通过“以线串点，以点带面”的空间发展战略，推动了陆桥区域经济联动发展。通过加强以交通通信为主的线状基础设施建设，引导了区域生产要素聚集在具有较强产业基础的大中城市，进一步促进了乌鲁木齐、西安、郑州、徐州、连云港等地开发，使交通优势和区位优势转化为经济优势，支撑和带动了区域经济全面发展。

二、海洋运输业与其他海洋产业的关系

我国进出口贸易有赖海洋交通运输业的支撑。我国较为低廉的劳动力决定了服装出口企业众多，这些企业多数来自长江三角洲和广东。此外，我国进口铁矿石也较多，也依赖海洋交通运输业的支持。当然，这仅仅是两种代表商品。我国与国外频繁贸易的商品种类繁多，但无论是哪一种，海运业都是主力

军。考虑到相关的海洋产业，海洋交通运输业尤其是海洋旅客运输这一环，对滨海旅游业的强力支持不容忽视。当然，滨海旅游业也不单单依靠海上观光这一部分。

由上述海洋运输业的特征，我们可以看出，海洋运输业在海洋经济中起着举足轻重的作用，海洋运输业的兴衰、波动直接影响着海洋经济的发展状况。而且，在我国大力提倡发展第三产业的今天，发展海洋运输业的任务更显得紧迫。

1. 海洋运输是支撑国际贸易得以快速发展的主要交通方式

世界贸易总运量中80%以上都是海洋运输完成的。统计显示，世界海运贸易总量从1990年的40.1亿吨增加到2000年的59.8亿吨，到2008年达到82亿吨。海洋运输使规模庞大的石油、铁矿石、煤炭、谷物等大宗货物以及集装箱货物的国际间贸易成为可能。到2010年初，世界商船船队规模已达12.76亿载重吨，其中油船4.50亿载重吨，散货船4.57亿载重吨，集装箱船1.69亿载重吨、箱位1495.2 万TEU。目前，全世界规模较大的海港有2000多个。

海洋运输也是我国对外货物贸易运输的主要方式，我国外贸货物运输总量的90%以上要通过海运完成。2010年，我国外贸进出口总额近3万亿美元，全国港口外贸货物吞吐量25.01亿吨，规模以上港口接卸进口原油2.26亿吨，接卸进口煤炭及制品1.68亿吨，接卸进口铁矿石6.78亿吨，港口集装箱吞吐量1.46亿TEU。我国拥有海洋船舶总载重吨1.04亿吨，占世界商船队的8.96%（不包括港澳台地区），成为继希腊、日本后世界第三大船舶拥有国。我国拥有集装箱船箱位132.44万TEU，占世界集装箱船总箱位的8.9%。

2. 海洋运输是我国沿海大宗货物运输的主要方式

海洋运输也是我国沿海大宗货物运输的主要方式。我国资源地域分布决定了煤炭、粮食等海上长距离运输的长期存在，我国沿海水运在“北煤南运”“北粮南运”以及石油、矿石等大宗货物运输中发挥了主通道作用。

目前，我国沿海初步形成了煤炭、石油、铁矿石和集装箱四大货物的专业化、高效运输系统，基本形成了环渤海、长江三角洲、东南沿海、珠江三角洲、西南沿海五个规模化、集约化、现代化的港口群。2010年，全国沿海港口完成货物吞吐量56.45亿吨，宁波—舟山港、上海港分别成为世界第一、第二货运大港，上海港也成为全球第一大集装箱港。2010年沿海地区铁海联运方式完成的煤炭转运量超过5亿吨，“北粮南运”量约4600万吨。到2010年底，我国拥有沿海运输载重量4979万吨，拥有沿海港口生产性码头泊位5453个，其中万吨级及以上泊位1343个。

3. 海洋运输支撑海上休闲旅游业的发展

海洋运输是陆岛之间、海岛之间的主要旅客运输方式，也为海上休闲旅游提供了支撑。

滨海旅游业目前已成为海洋经济的重要支柱产业，2010年，我国滨海旅游业增加值达到了4834亿元，约占海洋经济增加值的1/3。

邮轮旅游目前已成为国际旅游业中的重要业务，自1990年以来，全球邮轮旅游人数年均增长7.4%，2009年全球邮轮旅游业接待量为1300万人次，预计到2020 年将达到3000万人次。

我国内地目前已建成或即将建成的专业邮轮码头有上海国际客运中心、厦门国际邮轮中心、三亚凤凰岛邮轮码头、上海吴淞口邮轮码头、天津港国际邮轮码头等。歌诗达、皇家加勒比、丽星等国际邮轮公司相继开辟了以上海、天津、厦门、三亚等港口为母港的东北亚和东南亚邮轮航线。2010年，乘坐邮轮赴海外旅游的我国游客79万人次（不含港澳台地区），乘坐邮轮来华的国际游客46.2万人次。除邮轮旅游外，海上游艇产业也在不断壮大。目前，世界游艇年消费额高达400亿美元，加上相关的维修、管理、娱乐等费用，全球每年的游艇经济产值超过500亿美元。

发达国家平均每171人就拥有一艘游艇，挪威、新西兰等地更是高达每8人就拥有一艘游艇。我国的游艇产业也正在加快发展中，长三角、珠三角、海南岛、福建沿海相继建成或正在建设游艇码头，正在形成重要的新兴产业。

4. 海洋运输支撑其他海洋产业的发展

海洋运输支持临港工业、港口物流业的发展是有目共睹的。海洋运输也为海上石油开发、海洋渔业捕捞等提供了可靠的交通运输保障。据统计，全球海洋石油蕴藏量约1350亿吨，约占全球总资源量的34%，我国近海石油远景资源量152亿吨。2010年，全球海上石油产量约10亿吨，约占世界石油总产量的30%，而我国海洋石油天然气产量超过5000万吨。目前世界海洋渔业捕捞年产量约8000万吨，我国是世界上海洋捕捞产量最大的国家，每年约1300万吨，捕捞区域也从近海地区向公海区域发展。海洋运输也为海洋科教、信息、环保、监测、防灾、救援、海上维安等提供交通运输支持。

这些产业的进一步发展，需求的进一步深化，也反作用于海洋运输业，使其不断完善，更好地为其他产业服务。

此外，海运业是国家能源储备交通的重要渠道，是反映区域发展条件优劣的重要指标，对区域的发展具有支撑、引导和保障能力。一个区域在长期的建设与发展中会逐步形成相对完善的交通设施网络，但其空间分布往往呈现高度的非均衡性，由此决定了交通设施对各区域发展的支撑、保障能力的明显不同。同时，交通设施作为区域经济社会发展的基本要素，对引导产业布局及改善区域通达性具有重要意义，其空间非均衡性直接影响着各区域发展的机遇与潜力，它与其他要素的有机结合形成了具有不同发展潜力的国土开发体系。

运输业常常能够以主导产业作用而促进区域工业化发展，这改变了传统上认为“运输是一种衍生需求、是被动地适应经济需求”的观点。有学者认为，只有当运输成本降低到某一特定范围时才会出现经济增长过程，因此经济增长以至现代市场经济制度的创立与完善，都可视为运输成本降低的产物。这个特定的范围被称为现代经济的运输成本阈值，指大工业的劳动分工、经理制、公司制等所需要的可接受的最高运输成本和最低运输速度。这可以解释运输革命和工业革命相互呼应的原因。

三、海洋运输业与海洋经济相关性分析

要研究海洋运输业对海洋经济增长的贡献度，首先要证明两者之间存在相关关系，在此前提之下才能进行下一步的研究。

海洋运输业的投资作为海洋经济发展的一个重要因素，是海洋产业资本形成的一种来源，可以直接影响海洋经济的增长。资本的形成是指一个经济体内资本存量的净增加，包括新厂房、机器设备购置和基础设施的增加等。

海洋运输业的资本增加会引起海洋产业总投资的增加，而总投资的增加会促进就业、增加出口、带动消费、影响储蓄等宏观经济变量，从而对海洋经济增长产生贡献。

苏倩等学者为了研究海洋运输业对海洋经济增长的贡献，将海洋运输业的投资量作为独立变量纳入生产函数，根据生产函数量化结果，分析海洋运输业对海洋经济增长的影响。鉴于海洋运输业分为港口业和航运业两部分，因此海洋运输业的投资又应当分为港口业投资和航运业投资两部分。为了简

化，把其他海洋产业的投资与其他可能存在的促进海洋经济增长的因素统称为其他因素。

为此，在海洋经济增长的贡献度模型中，拟定五个指标：港口业投资、航运业投资、从事海洋产业的劳动力、海洋经济的技术水平及其他因素。并以上海为例进行分析。当然，内在动因远远不止这五个，应该还有更多，但是这几个因素能够在很大程度上代表影响产业有序演化的重要方面。同时，限于统计数据的缺失，能利用的指标不多，故将内在动因具体分解为这样五个具体指标。

以下，以上海市为例进行分析。

1. 上海海洋产业总产值接近上海市全年生产总值的三分之一

上海滨江临海，管辖海域面积约10000平方公里，大陆和有居民岛岸线520公里，具有优越的发展海洋产业条件。

上海海洋产业占上海经济的比重逐年提高，且增速明显。2002 年上海实现生产总值 5408.76 亿元，其中海洋产业总产值为 721.96 亿元，占全市生产总值的 13.35%。2005 年到 2009 年，海洋经济总量平均增长率为 11%~12%。2009 年，上海市海洋产业总产值 4204.5 亿元，占上海市全年生产总值27.9%（表3-1）。可见，海洋产业在上海经济发展中占据了越来越重要的地位。

表3-1　上海海洋产业总产值及其构成

单位：亿元

年份	合计X_0	第一产业X_1	第二产业X_2	第三产业X_3
2001	624.93	14.44	77.01	533.48
2002	721.96	12.88	99.40	609.68
2003	845.91	13.34	138.22	694.35
2004	1956.58	17.00	198.74	1740.84
2005	2296.45	32.14	239.96	2024.35
2006	3988.30	3.50	1924.20	2060.60
2007	4321.50	4.20	1960.10	2357.20
2008	4792.50	4.30	2123.30	2664.90
2009	4204.50	3.80	1660.40	2540.30

2016年全市海洋产业总产值初核数7311亿元，约占全市生产总值的26.6%，远高于全国平均的9.5%。上海的海洋产业总产值占到全国海洋产业总

产值的10.4%，连续多年位居全国前列，初步形成了以海洋运输业、海洋工程装备制造业、滨海旅游业为代表的现代海洋产业体系。

2. 有效实现产业转变

上海海洋第一产业主要为海洋渔业，包括近海捕捞、远洋捕捞和海水养殖；海洋第二产业主要涉及海洋船舶工业、海洋油气业、海洋电力业；海洋第三产业主要涉及海洋运输业、滨海旅游业。

从2006年以来上海海洋第一产业总产值在总产值中占比保持在0.1%左右，第二产业比重持续下降，减速明显，第三产业增长势头明显。这说明，上海在发展海洋产业时，已摆脱处于初级水平的海洋第一产业，以工业为主的第二产业和以服务业为主的第三产业成为上海海洋产业发展的主力，总体已实现从海洋第一、第二、第三产业模式向第三、第二、第一产业模式的过渡转型。2009年上海海洋产业第一、二、三产业的比重为0.1∶39.5∶60.4，和其他国家相比，产业结构也处于先进行列。目前，世界总体海洋产业结构中，第一产业比重下降到8%，第二产业比重上升为59%，第三产业上升到33%。

为了实现发展海洋经济的目标，最重要的途径就是依靠发展海洋运输业来推动海洋经济。在过去的数年中，上海市海洋运输业不仅在国内独领风骚，而且享誉世界，为海洋经济做出了巨大的贡献。

上海市国际“经济、金融、贸易和航运”四个中心的建设，带动了上海主要海洋产业的快速发展，上海主要海洋产业的发展呈现以下特点：

（1）海洋运输业增长强劲

上海国际航运中心建设速度的不断加快，使上海海洋运输业呈现快速发展态势。随着洋山深水港二期开港、三期建设、长江口深水航道整治等，上海海洋运输业仍将强势发展。

（2）海洋船舶工业朝着高技术、高附加值方向发展

上海的海洋船舶工业从重视综合造船吨，发展到重点制造LPG、LNG、大型集装箱船等高技术、高附加值特种船舶方向发展，为海洋运输业的发展提供了保障。

3. 上海市海洋经济与海洋运输业的相关性分析

在海洋经济的范畴里，海洋运输业包括了航运和港口两方面，上海市作为国际航运中心之一，海洋运输业的发展不仅对海洋经济有着巨大贡献，对城

市发展也起到了强大的推动作用，海洋运输业在上海市的发展规划中占据了重要的位置。海洋运输业是一个资本密集型产业，投资量巨大，投资回报期较长，因此对于海洋运输业的投资要十分慎重。

苏倩等学者所采用的贡献度分析方法的基础为索罗—斯旺模型，但并不是模型的简单移植，而是采用该模型的思想来构造贡献度计算方程。

索罗—斯旺模型经一系列简化、合并后方程为：

$$y=a+\alpha\cdot g+\beta\cdot h+\gamma\cdot u+\theta\cdot p$$

y、g、h、u、p分别为海洋经济产出量、航运业投资量、劳动力数量、港口投资量、技术因素的导数；a、α、β、γ、θ分别代表其他因素、航运业投资量、劳动力数量、港口投资量、技术因素的产出的弹性系数。

航运业投资量的增加对海洋经济增长的贡献率：

$$E_g=\frac{\alpha\cdot g}{y}\cdot 100\%$$

海洋经济劳动力数量的增加对海洋经济增长的贡献率：

$$E_h=\frac{\beta\cdot h}{y}\cdot 100\%$$

港口投资量的增加对海洋经济增长的贡献率：

$$E_u=\frac{\gamma\cdot u}{y}\cdot 100\%$$

技术因素的提高对海洋经济增长的贡献率：

$$E_p=\frac{\theta\cdot p}{y}\cdot 100\%$$

其他因素的发展对海洋经济增长的贡献率：

$$E_a=\frac{a}{y}\cdot 100\%$$

Pearson相关系数计算公式：

$$r=\frac{\sum_{i=1}^{n}(x_i-\bar{x})\cdot(y_i-\bar{y})}{\sqrt{\sum_{i=1}^{n}(x_i-\bar{x})^2\cdot\sum_{i=1}^{n}(y_i-\bar{y})^2}}$$

式中x_i、y_i分别为计算相关的x、y两个系列的第i个值；$\bar{x}$、$\bar{y}$为x、y两个系列的平均值；n为两个系列的个数（即i=1，2，…，n）。

（1）海洋产业与港口业的相关性分析

因为泊位的长度代表了港口的规模和投资力度，所以学术界选用海洋产业总产值数据和泊位的长度来进行海洋产业与港口业的直接相关性分析。

作者运用SPSS软件计算得出的泊位长度和海洋产业总产值的Pearson相关系数r=0.914，由此可见，泊位长度与海洋产业总产值的相关性十分显著，即港口业与海洋产业有很强的相关性。

泊位长度是基础设施的范畴，较长的泊位长度、充裕的泊位空间有助于减少进出港船只的等待时间，节约相关贸易公司的成本。码头是港口营运的中心，码头泊位资源配置决策不仅直接影响到港口的吞吐能力和建设投资成本，而且也与后续的船舶在港生产作业有着很大的相关性。因此，码头长度在很大程度上决定了我国的港口竞争能力。

（2）海洋产业与航运业的相关性分析

由于船舶总吨代表了航运业发展的投入和规模，因而我们选取船舶总吨和海洋产业总产值来进行航运业与海洋产业的相关性分析。

作者计算了船舶总吨和海洋产业总产值的Pearson相关系数大小及其显著性检验结果。结论是，船舶总吨和海洋产业总产值的Pearson相关系数r=0.98，船舶总吨与海洋产业总产值的相关性十分显著，即航运业与海洋经济有很强的相关性。

（3）海洋产业与劳动力的相关性分析

海洋产业与劳动力的相关性分析中，参与运算的变量是上海市海洋产业总产值和海洋产业劳动力数量。

计算结果显示，劳动力数量和海洋产业总产值的Pearson相关系数r=0.641，未达到置信水平。虽然该检验结论不太理想，但是劳动力数量与海洋产业总产值的相关性还是存在的。劳动力作为经济增长的基本条件不可或缺，是关系民生的十分重要的因素，因此分析过程中将其作为促进海洋经济增长的一个因素。

我国海洋交通运输业飞速发展的同时，对人的需求量也大大提升，无论是在数量上、素质上还是结构上，都提出了更高的要求。中国海员数量还不能完全匹配海运的发展，而且还有减少和流失的趋势。

（4）海洋产业与技术水平的相关性分析

海洋产业与技术水平的相关性分析中，参与运算的变量是上海市海洋产业总产值和海洋产业劳动生产率。

计算结果是，海洋产业劳动生产率和海洋产业总产值的Pearson相关系数 r=0.998，这表明技术水平与海洋产业总产值的关系非常密切。

当前，科技兴海进入了新的发展阶段。新时期科技兴海是海洋科技与经济结合的社会化系统工程，是技术创新、管理创新、市场创新、金融创新等有机结合的经济活动过程，其面临的中心任务是加快科技成果转化和产业化，促进经济发展方式的转变，具体措施有以下几个方面。

①建设以海洋高新技术中介、推广、论证、评价为主要职责的高效中介服务机构。面向企业和市场，建立以技术交易、科技成果转化、技术咨询等为主要内容的多层次服务网络，创建区域性海洋科技中介服务中心，为海洋新产品开发、新技术推广、科技成果转化等做好科技中介服务。

②在科技兴海体系的长效机制建设上构建科技兴海模式，逐步推进形成国家引导、政产学研金相结合、海陆联动、区域合作的科技支撑带动海洋经济发展的模式，建立以企业为主体的技术创新体系，提升海洋产业发展能力。

③充分利用杭州、厦门、广州、天津、青岛、上海等地的海洋科技优势，加速中心城市的海洋高技术产业辐射、积聚和扩散，营造供海洋科技实现梯度转移的良好环境，加快构建良好的海洋高技术产业服务平台，同时根据国家区域经济发展战略布局，结合沿海区域发展特点和趋势，提出了科技兴海区域发展目标，并强化科技兴海平台建设。构建全国科技兴海的基地网络，以点带面，带动我国科技兴海全面发展。

根据以上对上海市海洋产业与各关键因素的相关性分析，我们可以得出：港口业和航运业的投资、从事海洋经济的劳动力数量和技术水平都与海洋经济的发展有较大的关联度，而且海洋经济的发展不是由单项因素单独造就的，而是由几个因素结合起来共同推动的。所以，泊位长度、船舶总吨、劳动力数量和劳动生产率这四个变量都应当作为促进海洋经济增长的因素。

根据以上贡献度的测算，可见海洋运输业在上海市海洋经济增长中的重要地位。海洋运输业的作用主要体现在：首先，其作为一项产业，是国际贸易顺利进行必不可少的载体，上海市作为我国经济发展的龙头之一，其每年的进出口量巨大，增长迅速，航运业必然繁荣（上海港作为我国最大、最繁忙的港口，它的发展对海洋经济的促进作用更加显著）；其次，海洋运输业是海洋经济中其他产业赖以发展的基础，海洋渔业、海洋船舶制造业、海洋旅游业等产业均需要码头和船舶作为其发展的基础；再次，海洋运输业跟其他产业是互相促进的，海洋产业中的其他产业蓬勃发展，必然也会促进海洋运输业的发展。

因此，可以得出如下结论：上海市的海洋运输业成为上海市海洋经济的支柱产业是必然结果，其对上海市海洋经济增长的贡献是其他产业所不可替代的。

（5）货运和客运水平

下面再来研究影响相对较小的两个因素，即货运和客运水平。

货运和客运是该产业的输出，相对于人力因素、技术因素、基础设施因素，这两个因素对产业有序演进会表现出一定的延迟或者反作用，即前三种因素是“事前”因素，而这两种因素是“事后”因素。无论客运还是货运，都随着实际需求量的增大而增大，从而对产业各方面指标有更深层次的要求，促进产业迅速发展。

4. 其他的相关性分析

王婷婷采用灰色关联法，借以确定海洋产业的主导产业，即通过与目标量的关联度大小确定各产业发展的优先顺序。她统计了2005—2009 年上海主要海洋产业中具有代表性的行业的产量或产值进行相关度分析，计算上海各海洋产业产值的灰色综合关联度。计算结果表明，海洋交通运输业与上海海洋产业的关联度最大，为上海海洋的主导产业；海洋天然气业、海洋船舶工业、滨海旅游业关联度次之；海洋渔业、海洋电力业及海洋原油业关联度最小。

5. 今后海洋产业发展目标

（1）海洋交通运输业

重点围绕上海国际航运中心的发展目标，合理调整港口布局，提高码头泊位的大型化和专业化水平，保障长江口深水航道畅通，建成以港口为枢纽，水陆畅通、设施完善、内外辐射的现代化航运集疏运体系，实现多种运输方式一体化发展；统筹口岸开放资源，进一步完善上海水运口岸开放格局。

（2）海洋航运服务业

在浦东新区建设上海国际航运中心核心功能区，推进港区联动、港城联动、航运和金融贸易联动，大力发展航运金融、航运保险、航运经纪、航运交易和航运信息等现代航运服务体系；推进国际航运发展综合试验区建设；拓展上海航运交易所服务功能，开展船舶交易签证、船舶拍卖、船舶评估等服务；发挥上海港航电子数据交换中心和上海电子口岸平台叠加整合优势，建立上海国际航运中心综合信息平台；培育和发展海洋信息服务市场，建立并完善海洋信息服务体系。

（3）滨海旅游业

围绕上海打造世界著名旅游城市的发展要求，着力发展崇明三岛、浦东滨海、奉贤和金山海湾休闲旅游业，建成集生态观光、休闲度假、商务会展、户外运动等于一体的生态型旅游度假区。重点推进吴淞炮台湾湿地森林公园、崇西明珠湖、崇东陈家镇地区、奉贤生态海岸等旅游区基础服务设施建设。加快发展上海邮轮产业，依托上海港国际客运中心和吴淞口国际邮轮码头，形成世界邮轮旅游航线重要节点。大力发展海洋文化创意、展示交易、海洋文化旅游、会务论坛等相关产业。

（4）做强海洋先进制造业

一是大力发展船舶工业。抓住世界船舶工业转移的良好机遇，坚持自主开发、技术引进和科技创新相结合，在现有船舶工业的基础上，不断优化产品结构，提高船舶自主设计制造能力。优化发展三大主流船型，重点发展超大型原油运输船、万箱级以上集装箱船、大型液化天然气船、大洋钻探船、豪华邮轮、游艇、海洋勘测与海底布缆船舶等高技术和高附加值船舶，加快发展船用主机、船用辅机和通讯导航等关键配套产业。加快长兴岛、外高桥等船舶制造基地和奉贤游艇制造基地建设。

二是大力发展海洋工程装备和建筑工业。增强海洋工程装备制造能力。重点开发海洋钻井平台、水上工作平台等海洋工程装备及其配套设备。研制大深度潜水器、海底管线电缆检测及维修装置、深海潜网设备等海洋潜水和海底工程设备。优化海洋工程装备产业布局，推进长兴岛、临港等海洋工程装备基地建设，形成北部以长兴岛为依托、南部以临港产业区为依托的海洋工程装备产业集聚区。深化海上城市工程建设研究。

第二节　海洋强国必须是海运强国

一、海运强国的内涵

马克思在《共产党宣言》中指出，“世界市场”形成之后，世界性的生产和消费，各民族的相互往来，都与“交通的极其便利”密不可分。从全球角度而言，海上交通是便利、快捷、经济的运输方式。在经济全球化的新形势下，国家、地区之间的经贸往来更加频繁，全球90%的贸易通过海洋运输完成。

“一旦全球的海运停止，地球上的一半人将会挨饿，另一半人则会受冻”，这就显示出海洋运输业在国民经济发展过程中所处的特别重要的地位。我国的海上货运主要承担外贸进出口货物运输和国内能源（主要是煤炭）、矿建材料、粮食等运输。海洋运输缩短了人和货物在时间和空间上的距离，使不同国家和地区之间的接触和交往不断增强。建设海洋强国、发展远洋运输在国家与国家之间、地区与地区之间、民族与民族之间的友好交往中，发挥着越来越大的作用。

海运强国是指海上运输具有强大影响力的国家。海运市场在很大程度上是一个激烈竞争的、开放的国际市场，海运强国是相对于其他国家和地区海运水平而言的比较定位。海运强国是动态的，是发挥国家综合实力，在海运市场、技术标准和规则制定激烈竞争中逐步形成的强者，是在海运大国基础上逐步发展起来的。

从海运业内部看，实现“海运强国”战略目标的内部支撑主要体现在六个方面：一是具有强大的国际海运船队；二是形成现代化的港口体系；三是拥有立足国内、面向全球的海运品牌；四是完善的支持保障系统；五是高效、快速的反应能力；六是法规完善、品质优良的海运服务体系。其特点可以概括为保障性、竞争性和引领性。保障性就是保障国家战略物资及时运输，竞争性可以通过海运服务贸易出口来体现，引领性具体体现为对世界海运发展做出显著贡献。

在历史上，临海国家或地区成为海运强国基本上有两条途径：一条是建立自由化的贸易和航运制度，遵循经济规律吸引海上贸易货物和船舶，成为百舸争流的世界航运中心。如公元前12世纪的腓尼基城邦、10世纪前后的威尼斯、17世纪的荷兰，以及20世纪以来的香港和新加坡；另一条是建立保护性质的航运制度，依托国家强大的经济实力，实施国货国运，造就万船竞发而成为国际航运中心。如西罗马帝国，18世纪的大不列颠，以及20世纪的美国和日本。无可置疑，我国是当今世界的海洋运输大国，全球海上货运周转量的1/4进出我国港口。但我国是否为当今世界的海洋运输强国，以及如何成为海洋运输强国，却更为国内外海运界人士和学者所关注。

大力发展海洋经济需要遵循交通运输先行的原则，积极推动海洋运输业发展。目前，世界海洋强国普遍拥有具备国际竞争力的海洋运输业，但我国海洋运输业面临运力过剩、成本增加、供求失衡等不利因素的困扰。为帮助海洋运输业摆脱不利形势，国家相继出台《国务院关于促进海运业健康发展的若干意见》《关于加快现代航运服务业发展的意见》等文件，强调“通过加大对海洋运输业科技、教育、信息化建设等方面的投入，构建海运业综合信息服务平台，推进资源共享，提高智能化水平”； 提出“坚持把改革创新贯穿于海运业发展的各领域各环节，以科学发展为主题，以转变发展方式为主线，以促进海运业健康发展、建设海运强国为目标，以培育国际竞争力为核心，为保障国家经济安全和海洋权益、提升综合国力提供有力支撑”。加快推动海运业健康发展，对稳增长、促改革、调结构、惠民生，转变经济增长方式具有重要推进作用。十九大报告又提出了建设“交通强国”的宏伟目标，更是对保障我国经济安全，实现中华强国梦具有重要意义。“要想富先修路”——如今仍是一条不变的规律。

二、交通运输是国民经济的基础产业和先导产业

1. 海运的发展会促进基础设施建设

港口作为海洋运输的重要节点，也是联系内陆腹地和海洋运输的一个天然界面，海运业的发展会直接影响港口的建设。随着经济全球化步伐的加快，海洋交通运输业呈现“船舶大型化、航运深水化和运输集装箱化”的发展趋势，这对我国现有的港口提出了较高的要求。集中精力和财力规划建设深水大港和大型集装箱码头，适应和围绕这一趋势的变化，完善交通运输基础设施，促进交通强国建设。

2. 海运的发展会促进交通运输设备制造业的发展

我国是造船大国，现在造船订单数量超越日韩，跃居世界第一，这对我国造船业是一个积极的信号。考虑到现阶段航运市场不景气，以淡水河谷为代表的公司会增大船舶规模，以降低海运成本，致使船舶趋于大型化。同时，随着近几年全球气温的升高，北极航线的开发利用成为可能，北极丰富的油气资源促使船舶制造业开始建造液态LNG运输破冰船和原油运输破冰船等特种船舶。顺应科技创新的大潮流，海运新要求的出现会促进交通运输设备制造业发展，进而推进交通强国建设。

3. 海运的发展会促进交通运输网络的完善

我国虽然已经建成了一个“五横五纵”的陆上交通运输网络，也以“一带一路”沿线国家为依托建立了一个庞大的海运网络，但是两个网络之间的衔接效率与衔接质量并不符合交通强国的建设要求。同时，伴随着我国供给侧结构性改革的持续进行，腹地货物向港口的运输，也进一步提高了对腹地运输网络的要求。随着国家经济的发展，伴随着海运货物量不断增加产生的运输压力，运输网络将不断完善，促进交通强国的建设。

4. 海运的发展会促进相应制度的完善

无规矩不成方圆。海运业本身是一个内涵丰富的行业，船舶种类繁多，航行情况复杂。我国海运业开端早但发展缓慢，致使西方国家抓住时机迅速发展，抢占了制度制定的先机，这直接导致了我国的海运发展受到国外力量约束。我们需要以海运为先导，制定属于中国自身的海运制度，为世界海运治理提供“中国智慧”的同时，完善交通强国建设中的制度建设。

5. 海运的发展会促进交通强国建设中的人才培养

国家兴盛，人才为本。无论是哪一个行业想要发展、保持活力，都要有相关领域的人才，海运业也是这样。以船员为例，目前我国船员的总量虽多，但船员队伍结构不合理，普通船员数量过剩，高级船员人数不足，特别缺乏高素质的船长和轮机长，这就对我国海运人才的教育、管理提出了更高要求。海运的进一步发展，会促使我国海运人才的输出发生由量到质的根本性转变，进而补充交通强国建设中的人才培养。

6. 海运的发展会促进相应的文化建设

我国自古是一个陆权国家，并没有根深蒂固的海洋文化。但是，历史经验表明，大国的崛起必源自海洋。我国不仅要从硬实力上建立健全海运体系，还要从软实力上出发建立属于我国的海洋灵魂，让海洋观念深入人心。现阶段，我国已经确立航海日、全国海洋宣传日等与海相关的系列节日，并依托海事院校加强教育。随着海运的进一步发展，海洋文化会在人民大众中进一步加深，更好地补充交通强国建设中的文化建设。

7. **商船队是国家海军的后备力量**

美国称其商船队为仅次于海陆空军的“第四只臂膀”，其海运系统除了具有重要的经济价值外，还保证了美国海上力量的不断壮大，以及美国军队在全球的迅速调遣和物资供给。

2013年12月25日，交通运输部与海军就坚持走中国特色军民融合式发展之路，充分发挥军地各自优势，协力推进海上运输体系和海军建设举行会谈并签署战略合作框架协议，这也是服务建设海洋强国战略、更好维护我国海洋权益的迫切需要。交通运输部将与海军在海上联合行动、基础设施建设、联合保障、人才培养交流等领域开展深度合作，进一步建立健全日常协商联络、海上应急响应和相关信息共享等工作机制，不断提升军民团结、军政合作水平，切实保障海上交通运输及生态环境安全，坚决维护国家海洋权益。

海运业是我国重要的民间外交桥梁，是我国应对国际政治、经济和军事事务的有效力量。2002年中远“珍河”轮驶进了美国的波士顿港，中远成为被美国政府用鲜花和掌声请进来的第一家中国航运企业，为美国提供了9000个就业机会。

同时，商船队作为国家海军的后备力量，还是保障国家海上安全的重要力量。美国交通部在组织编写《美国海运系统现状评价与战略构想》时就明确指出，美国的海运系统（MTS）除了具有重要的经济价值外，还有着十分重要的国家安全价值。因为它保证了美国海上力量的不断壮大，以及美国军队在全球的迅速调遣和物资供给。如在“沙漠风暴”战争中，美国军队所需装备和供给的90%都是从美国的战略港口起运，通过船运送达。

正是由于海运在世界经贸和军事中的特殊作用，世界经贸和军事大国往往也是海运大国。如日本、德国、英国三个世界经贸大国，也都是世界海运大国，海运船队规模分列世界第2、3和10位。当今世界第一经济和军事强国美国，虽然近年来一直在退出直接经营海运业，但其海运船队规模始终保持在世界前十之列，现居第8位。

第四章

港口

——港蕴千年秀，雄开万里流

港口是连接海洋和陆地的重要节点，在经济全球化以及加快海洋经济发展的进程中具有龙头引领作用。为适应未来我国对外贸易进一步发展的需要，应继续推进沿海港口基础设施建设，优化港口结构与布局，提升港口专业化、规模化水平，重点完善煤炭、外贸进口原油、外贸进口铁矿石和集装箱等主要货类运输系统，建设以港口为主体的综合交通运输枢纽，建设港口后方由铁路、公路、内河、管道等组成的集疏运体系。要拓展港口功能，大力发展港口物流，建设自由贸易港，发展国际中转、储运、加工、贸易等功能，促进港口经济向深层次发展。

海洋交通运输业离不开海港和运输船队，而海港又是发展海洋运输的重要依托。目前，全世界80多个国家和地区有海港9800多个，吞吐量大于100万吨的共有500多个，世界上主要海运贸易港口有3157个，其中，我国有88个（包括台湾省）。这些海港无论过去还是现在，都推动着国家经济的发展。2017年1月，全世界前42个大港货运量25.96亿吨，其中中国港口占17.75亿吨。同时，海底隧道、海上桥梁、海上机场也成为发展海洋交通运输有力的依托。目前，全世界共有30多个海上机场，有200多条水下隧道，有大型海上桥梁10余座，其中较著名的有日本的长崎海上机场、连接英法的欧洲隧道、日本的青函隧道、美国的金门大桥等。

第一节　我国港口资源情况

港口是指位于江、河、湖、海或水库沿岸，具有一定的设备和条件，供船舶往来停靠、办理客货运输或其他专门业务的地方。它一般利用海湾、山岬角等自然屏障，或建造防波堤等水工建筑物构成港区水域，或利用河口段的有利条件辟筑。港内有锚地、码头等一定的设备条件，可供船舶停泊，上下客（货），补给燃料、淡水，躲避风浪，或办理其他专门业务。

一、港口布局

1. 必须以区域的观点思考港口布局

所谓区域的观点，是指要准确把握各港口之间的腹地联系。腹地是每个港口系统独立性的源泉。不同的港口系统可能具有相似的系统结构，但却必定具有不同的服务腹地。腹地的独立性使得港口系统具有相对的独立性和完整性。对于每一个既定的港口系统，在系统之外，各港口均拥有不同于其他港口系统的、独立的腹地范围结构，而在系统之内，各港口又具有相似的腹地范围和结构。港口与港口之间的各种关系，归根结底是相似的腹地所引致的竞争与合作关系。因此，只有科学界定一个港口系统的港口数量和区域范围，准确把握各港口系统以及港口系统内部各具体港口之间的腹地联系，才能准确为一个区域性的港口系统定性，才能理顺各港口之间的竞争关系，这是进行区域港口布局的前提。

然而，在现代集装箱运输时代，船舶公司在与港口、货主的三方力量角斗中占主导地位。一个港口的功能和演化越来越由船舶公司的选择来决定。集装箱船公司可以自由选择其在某个地区的停靠港、枢纽港和支线港。传统港口理论中影响一个港口竞争地位的主要因素——经济腹地，则逐渐作为一个影响船舶公司决策的因素而存在。在这种情况下，我们就必须从船舶公司角度来确定一个港口的功能地位，并对船舶公司的经营决策加以引导，才能实现区域港口布局的合理化。

2. 必须以发展的观点安排一个区域的港口布局

港口布局对外部环境和市场需求具有适应性，只有与外部环境和市场需求相适应的港口布局才是合理的港口布局。而作为影响港口布局的外生因素，外部环境和市场需求会随着时间推移而变化。因此，我们必须根据外部环境和市场需求的变化，适时调整港口的数量和类型、港口间的相互关系、港口系统的腹地范围与结构、港口的功能与规模等港口系统的基本要素，以保证港口布局的合理性。

随着集装箱运输方式的引入和发展，现代港口系统的演化出现了两种趋势：一是专门化，专门从事散货运输或集装箱运输的专业化港口；二是逐渐层级化，出现了具有不同服务范围的全球性港口、区域性港口和地方性港口。集装箱港口运输系统，则进一步形成由中转型集装箱枢纽港（可分为全球级和区域级两个梯度等级）、腹地型集装箱枢纽港、腹地型集装箱直挂港、集装箱支线港、集装箱喂给港等许多子系统共同构成的网状结构。上述港口系统结构为区域港口布局提供了一个指导性框架。希望有关部门在进行区域港口布局时，可以在上述系统结构框架下，根据各区域的不同类型、不同层次以及不同基础条件，构建具有不同特征的区域港口系统。

3. 实现收益最大化是最终目的

从微观视角看，一个港口的功能取决于以追求经济利益最大化为目标的港口企业的个体行为。船舶公司制定其区域航线结构的标准，主要是使其在该区域的总运营收益最大化，即运营收入与运营成本之差最大。

理论上，在完全的市场经济条件下，仅依靠各港口企业的个体行为便可实现港口资源的最优分配。但在现实中，一个港口在发展过程中不可避免地与其他港口存在着激烈的资源与市场竞争，加之在现实中，完全竞争的市场经济条件并不存在，这就导致各港口之间经常出现过度投资、低水平重复建设、过度竞争、结构性供求不平衡等突出问题和矛盾，造成社会资源的严重浪费。

影响船舶公司决策的因素主要有三个：一是港口的陆路运输系统，二是港口的基础条件，三是港口的地理区位优势。陆路运输系统影响船舶公司的运营收入。陆路运输系统越发达，陆路运输成本越低。港口所服务的腹地范围越广，通过该港口的货运量越大。港口的基础条件越完善，港口效率就越高，运输船在该港停靠的费用与支出就越少，运营成本就越低。港口的地理区位既影响船舶公司的运营收入，也影响船舶公司的运营成本：作为枢纽港时，港口所处地理位置不同，港口支线和干线运输的总收入和总成本也就不同。

船舶公司的区域航线结构决策，是对上述三方面因素进行综合权衡的结果。通常，一个港口只拥有优越的腹地条件而没有优越的地理位置，可以发展成为腹地直挂型港口；如果只拥有优越的地理位置而没有优越的腹地条件，可以发展成为中转枢纽型港口；如果既有优越的腹地条件，又有优越的地理位置，可以发展成为腹地枢纽型港口；如果既没有优越的腹地条件，又没有优越的地理位置，则只能发展成为支线港口。

然而，在现实中，由于各港口之间腹地条件和地理位置条件差别不是特别明显，有些港口虽拥有某方面优势，但是劣势也比较明显。于是，各港口之间的竞争异常激烈并复杂得多：为了改进劣势、强化优势，支线港口、腹地直挂型港口、腹地枢纽型港口、中转枢纽型港口经常竞相增加投资，改善港口的设施条件、陆路集疏运条件及与腹地的交通条件等，以期吸引更多的船舶公司挂靠，从而提高自身在区域运输体系中的地位。加之，很多船舶公司又倾向于选择不同的港口作为枢纽港，这进一步加剧了港口之间的竞争。

从全社会角度看，一个合理的港口布局体系应该是一个能使货主、港口、船舶公司三方整体收益最大化的体系。而港口之间的竞争，通常无法使三方的整体利益最大化，而造成社会资源的浪费。因此，港口布局的重要任务之一，便是要通过对竞争港口进行合理定位和分工，降低港口之间的竞争程度。

总的来看，腹地是港口参与竞争的基础，优越的地理位置与自然条件则是一个枢纽型港口的核心要素。一个港口如果存在一定范围的腹地，自身就有了存在的条件。而在相同的地理位置和自然条件下，腹地型港口在向枢纽型港口发展方面，较单纯的中转型港口更有优势。然而，在现实中，很多腹地型港口（其中不乏传统的国际大港）在区域枢纽港的竞争中却不及单纯的中转型港口。这主要是由于这些腹地型港口的地理位置和自然条件不如那些中转型港口。因为陆路运输系统和港口的基础条件（港口自然条件除外）均可以通过增加投资在短期内改变，而港口的地理位置与自然条件则难以变更。

二、我国港口布局

2006年9月15日，交通部发布了《全国沿海港口布局规划》。这是我国沿海港口第一个空间分布规划，也是最高层面的港口规划，主要根据沿海各区域港口的基本条件、区域经济发展和产业布局的状况及需要，并根据相关行业的发展规划，在现有港口布局的基础上制订而成。

根据该《规划》，我国将形成环渤海、长江三角洲、东南沿海、珠江三角洲、西南沿海五个规模化、集约化、现代化的港口群，并在主要货类的运输上形成煤炭、石油、铁矿石、集装箱、粮食、商品汽车及物流、陆岛滚装、旅客 八大运输系统。

我国共有沿海港口150多个，可供选择的中级以上泊位港址164个（表4-1），其中可建万吨级以上泊位的40个，15万~20万吨级的5个。在世界经济平稳发展、国际贸易快速增长的环境下，外贸运输和煤炭、原油、金属矿石等大宗物资水路运输需求十分强劲，我国沿海、内河港口内外贸货物吞吐量一直保持着较快增长。

表4-1 我国港口资源情况（未统计港澳台地区）

省（区、市）	海湾数	可供选择建港的港址数量			
		中级以上	万吨级以上	5万~10万吨级	15万~20万吨级
辽宁	20	21	5	5	1
河北	3	6	1	1	0
天津	1	1	0	0	0
山东	18	24	11	11	1
江苏	2	14	1	0	0
浙江	14	28	3	3	1
福建	21	17	6	6	1
上海	1	3	3	0	0
广东和海南	31	42	8	8	1
广西	7	8	2	0	0
全国总计	118	164	40	34	5

数据来源：2009年中国海洋统计年鉴

截至2006年底，我国沿海港口（含长江干线南京以下港口）拥有生产性泊位5062个。国内港口货物吞吐量、集装箱吞吐量均已位居世界第一。2006年，全国港口货物吞吐量完成56亿吨，比上年增长14.3%；全国规模以上港口完成货物吞吐量45.6亿吨，比上年增长15.6%，其中外贸货物吞吐量15.7亿吨，增长16.8%。全国港口集装箱吞吐量完成9360万TEU，同比增长23.4%，连续4年居世界第一。其中，沿海主要港口完成8586万TEU，比2005年增长23%。

目前我国已经有12个亿吨大港。世界上吞吐量前20位的港口中，我国已占到10个；吞吐量前10位的港口中，我国已占到7个。

港口的形成与发展，为现代化港口城市的发展壮大提供了天然的条件，并成为沿海地区经济发展的基本依托和载体。

我国港址条件存在南北差异，南海和东海沿岸港址资源和建港条件优于黄海和渤海。

第二节 我国港口密度分析

一、综合情况

截至2006年，我国有海港50多个，按照海岸线长度计算，福建港口密度最低，每1000千米，仅有1.6个；上海港口密度最高，每100千米，就有1个（表4–2）。这说明我国虽然拥有较长的海岸线，也具有较好的港湾和港址资源，但港口密度整体较低，港口建设的自然资源不足，社会需求较大。

表4–2 我国港口密度（未统计港澳台地区）

省（区、市）	主要港口数（个）	大陆海岸线长度（千米）	港口密度（个/千米）
辽宁	5	1971.5	0.002536
河北	3	421.0	0.007126
天津	1	153.3	0.006523
江苏	6	3122.0	0.001922
山东	3	953.0	0.003148
上海	2	172.0	0.011628
浙江	4	1840.0	0.002174
福建	5	3051.0	0.001639
广东	14	3363.1	0.004163
广西	3	1083.0	0.002770
海南	5	1617.8（岛屿岸线）	0.003091
全国平均			0.002874

数据来源：2006年中国海洋公报

上海国际航运研究中心发布的2014年第二季度《全球港口发展报告》，对2014年上半年货物吞吐量、集装箱吞吐量的全球和全国前十名的港口进行了归纳。具体见表4-3、表4-4、表4-5及表4-6。

表4-3　2014年上半年货物吞吐量全球前十港口

排名			港口名称	2014年上半年货物吞吐量（万吨）	同比增长（%）	2013年上半年货物吞吐量（万吨）	比2012年上半年增长（%）
2013年	2014年上半年	变化					
1	1	→	宁波—舟山	44520	10.05	40454	10.60
2	2	→	上海	38338	0.18	38271	4.37
3	3	→	新加坡	28919	7.16	26987	0.29
4	4	→	天津	25896	3.51	25017	8.12
7	5	↑	唐山	24269	14.58	21180	22.58
6	6	→	青岛	24183	4.93	23046	11.34
5	7	↓	广州	23366	6.13	22016	5.87
8	8	→	鹿特丹	22115	0.64	21974	–0.91
9	9	→	大连	21308	3.17	20654	11.83
11	10	↑	黑德兰	19879	30.37	15249	22.83

表4-4　2014年上半年中国（未统计港澳台地区）前十港口货物吞吐量

港口名称	2014年上半年货物吞吐量（万吨）	同比增长（%）	2013年上半年货物吞吐量（万吨）	比2012年上半年增长（%）
宁波—舟山	44520	10.05	40454	4.01
上海	38338	0.18	38271	3.52
天津	25896	3.51	25017	8.11
唐山	24269	14.58	21180	22.06
青岛	24183	4.93	23046	11.34
广州	23366	6.13	22016	4.56
大连	21308	3.17	20654	11.38
营口	17647	6.08	16635	13.35
日照	17233	8.13	15937	10.51
秦皇岛	13433	–0.13	13451	–1.95

表4-5　2014年上半年集装箱吞吐量全球前十港口

排名			港口名称	2014年上半年集装箱吞吐量（万TEU）	同比增长（%）	2013年上半年集装箱吞吐量（万TEU）	比2012年上半年增长（%）
2013年	2014年上半年	变化					
1	1	→	上海	1723.46	5.51	1633.50	2.01
2	2	→	新加坡	1650.60	4.37	1581.44	1.09
4	3	↑	香港	1111.40	2.59	1083.30	–8.22
3	4	↓	深圳	1096.43	–0.64	1103.52	2.05
6	5	↑	宁波—舟山	961.82	13.08	850.54	5.94
5	6	↓	釜山	911.47	3.48	880.84	3.00
7	7	→	青岛	863.82	7.96	800.15	10.43
8	8	→	广州	771.11	8.20	712.64	1.54
10	9	↑	天津	688.76	5.87	650.60	11.12
11	10	↑	鹿特丹	601.40	1.88	590.30	0.77

表4-6　2014年上半年中国（未统计港澳台地区）前十港口集装箱吞吐量

港口名称	2014年上半年集装箱吞吐量（万TEU）	同比增长（%）	2013年上半年集装箱吞吐量（万TEU）	比2012年上半年增长（%）
上海	1723.46	5.51	1633.50	2.01
深圳	1,096.43	–0.64	1103.52	2.05
宁波—舟山	961.82	13.08	850.54	5.94
青岛	863.82	7.96	800.15	10.43
广州	771.11	8.20	712.64	1.54
天津	688.76	5.87	650.60	11.12
大连	463.31	3.72	446.71	23.55
厦门	402.88	7.84	373.60	15.47
营口	287.13	6.94	268.49	9.78
连云港	256.60	–5.28	270.90	11.05

二、主要港口情况

1. 上海港

2006 年底，上海港海港港区拥有各类码头泊位1140个，其中万吨级以上生产泊位171个，码头线总长为91.6千米。按照码头使用性质分类：公用码头泊位175个，码头线长度为24.6千米，其中生产泊位121个，码头线长度为22.2千米，年货物吞吐能力17051万吨；货主专用码头泊位965个，码头线长度为67千米，其中生产泊位495个，码头线长度为38.2千米。

上海港内河港区有码头泊位818个，最大靠泊能力3000吨级。

上海港位于长江三角洲前缘，居我国1.8万千米大陆海岸线的中部，扼长江入海口，地处长江东西运输通道与海上南北运输通道的交会点，是我国沿海的主要枢纽港，我国对外开放、参与国际经济大循环的重要口岸。上海市外贸物资中99%经由上海港进出，每年完成的外贸吞吐量占全国沿海主要港口的20%左右。作为世界著名港口，2010年上海港货物、集装箱吞吐量均位居世界第一。

2011年，上海国际航运中心建设取得重大突破，上海口岸在全球的影响力进一步提升。据统计，2011年上海港全港货物吞吐量7.3亿吨，同比增长11.4%；集装箱吞吐量首次突破3000万TEU，达到3174万TEU，同比增长9.2%，上海港成为世界第一个集装箱吞吐量超过3000万TEU的港口，货物吞吐量和集装箱吞吐量继续保持全球双第一地位。全球排名前20家班轮公司都有分支机构入驻上海。洋山深水港（图4-1）北港区和外高桥第四、第五、第六期工程相继投入使用，上海港海港码头泊位数量达到1160个。

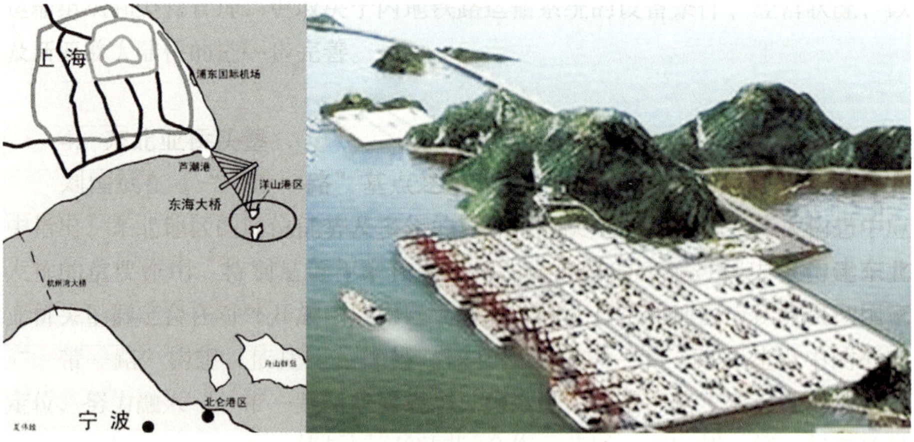

图4-1　上海洋山港（360图片社）

2. 广州港

广州港（图4–2）濒临南海，毗邻香港和澳门，地处我国外向型经济最活跃的珠江三角洲地区中心。港区分布在广州、东莞、中山、珠海等城市的珠江沿岸或水域，从珠江口进港，依次为南沙港区、新沙港区、黄埔港区和广州内港港区。

图4–2　广州港区（360图片社）

广州港历史悠久，早在2000多年前的秦汉时期，广州古港就是中国对外贸易的重要港口，是中国古代海上丝绸之路的起点之一；唐宋时期，“广州通海夷道”是世界上最长的远洋航线；至清朝，广州成为中国唯一的对外通商口岸和对外贸易的最大港口。

改革开放以来，社会经济飞速发展使广州港发展成为国家综合运输体系的重要枢纽和华南地区对外贸易的重要口岸。步入21世纪，在腹地经济持续快速增长的支撑下，广州港快速发展，拥有各类码头泊位631个，锚地88个，浮筒23个，万吨级以上泊位59个，最大靠泊能力15万吨。2016年，广州港完成货物吞吐量5.44亿吨，居华南第一位，国内沿海港口第四位，全球港口第六位；

完成集装箱吞吐量1886万标准箱，国际海运通达80多个国家和地区的300多个港口，并与国内100多个港口通航，是中国华南地区最大的对外贸易口岸。

3. 大连港

大连港（图4-3）位于辽东半岛南端的大连湾内，港阔水深，冬季不冻，万吨货轮畅通无阻。大连是哈大线的终点，以东北三省为经济腹地，是东北的门户，也是东北地区最重要的综合性外贸口岸，至2013年，大连港是次于宁波-舟山、上海、天津、广州、苏州、青岛、唐山的全国第八大海港，同时货物总吞吐量世界排名第十位。是转运远东、南亚、北美、欧洲货物最便捷的港口。港口自由水域346平方千米，陆地面积10余平方千米，是仅次于上海、秦皇岛的中国第三大海港。

图4-3　大连港（360图片）

目前，大连港拥有生产性泊位共196个，其中万吨级以上泊位78个、专业化泊位78个，拥有中国最大、最先进的30万吨级原油码头和30万吨级矿石码头。与世界上160多个国家和地区、300多个港口建立了海上经贸航运往来关系，开辟了集装箱国际航线75条，已成为中国主要集装箱海铁联运和海上中转港口之一。

大连港是东北亚油品转运中心，主要从事原油、成品油和液体化工产品的装卸和储运，可停靠30万吨级油轮，装卸效率每小时达1.2万吨，港区储油罐容量达300余万立方米，年综合通过能力5600万吨以上。

大连港是亚洲最先进的散装液体化工产品转运基地，是中国最大的海上客/车滚装运输港口。2016年港口通过能力达到3.55亿吨，集装箱通过能力达到近944.1万标准箱。大连港矿石码头拥有中国效率最高的卸船机和装车系统。

大窑湾港是国家重点建设的四大国际深水中转港之一。长期以来困扰大连的港口建设落后于港口生产的被动局面在近十几年有了根本性的改变，初步形成了布局合理、层次分明、分工明确的现代化、专业化、集约化港口集群。从大窑湾至老虎滩近百千米的海岸线上，平均每4千米就有一座港口，是中国港口密度最高的“黄金海岸”。

大连港还连接着俄罗斯和朝鲜，可通过西伯利亚大铁路，成为亚欧大陆桥的起点。海上运输已开辟到日本、东南亚、欧洲等国际集装箱航线八条，国内客运航线八条，以及定期的旅游船航线。

大连港与美国的奥克兰港、休斯敦港，加拿大的温哥华港，日本的北九州港、横滨港、伏木港、富山港等港结为友好港。

现已开辟了大连至烟台、威海、天津及长海县诸岛4条国内航线和大连至韩国仁川的国际航线，每天进出港航班25~28个，年旅客接送能力600万人次，滚装车辆50万辆。

4. 青岛港

青岛港（图4-4）始建于1892年，是世界第七大港。拥有码头15座，泊位73个，其中，营运码头13座，营运泊位49个。万吨级以上泊位32个，可停靠5万吨级船舶的泊位6个，可停靠10万吨级船舶的泊位6个，可停靠30万吨级船舶的泊位2个。主要从事集装箱、原油、铁矿石、煤炭、粮食等各类进出口货物的装卸、储存、中转、分拨等物流服务和国际客运服务，利用“海陆联运”模式，目前已经打通东联日韩、西接亚欧、南至东南亚、北到蒙古和俄罗斯的通道，与世界上180多个国家和地区的700多个港口有贸易往来。为“一带一路”建设架起“进陆出海”国际物流高效通道。

2015年完成吞吐量4.85亿吨，集装箱完成1743.5万标准箱，均居世界第七位。青岛港全自动化码头在“以星芝加哥”轮作业中，创出全球同类码头单机平均作业效率最高纪录。外国船长格罗索莱维奇说：“这一奇迹让全世界为中国感到骄傲！”

青岛港由青岛大港港区、黄岛油港区、前湾港区和董家口港区等四大港区组成。其中，董家口港区拥有世界最大的40万吨级矿石码头、45万吨级原油码头。大港港区已建成可停靠世界最大22.5万吨级邮轮的专用码头和邮轮客运中心。在前湾港区拥有可停靠当前世界最大的1.9万TEU集装箱船舶的集装箱码头，预计明年底将建成两个世界最先进的全自动化泊位。集装箱装卸效率、铁矿石卸船效率保持世界第一。世界上有多大的船舶，青岛港就有多大的码头。

近年来，青岛港积极推进转型升级，大力实施金融战略、互联网战略、国际化战略，积极融入“一带一路”建设，加快内陆港建设。

当前，青岛港正在构建物流、贸易、产业三位一体，综合实力强大、功能配套、优势明显、具有区域资源配置能力的第四代世界物流强港。

图4-4　青岛港（360图片）

5. 秦皇岛港

秦皇岛港（图4-5）地处渤海之滨，扼东北、华北之咽喉，是我国北方著名的天然不冻港。这里海岸曲折、港阔水深，风平浪静，泥沙淤积很少，万吨货轮可自由出入。

秦皇岛港分为东、西两大港区。东港区以能源运输为主， 西港区以集装箱、散杂货进出口为主。 港口现有生产泊位45个， 万吨级以上泊位42个，最大可接卸15万吨级船舶，设计年通过能力2.23亿吨，是世界第二大能源输出港，是我国“北煤南运”大通道的重要枢纽港，担负着我国南方八省一市的

图4-5　秦皇岛港（360图片）

煤炭供应。2015年，秦港股份集装箱吞吐量达100.27万标准箱，货物吞吐量18603万吨。

6. 边陲明星——大东港

大东港位于鸭绿江入海口西岸，东临朝鲜民主主义人民共和国的薪岛，南濒黄海，为强潮河口，有岛屿和大面积滩涂为掩护，水深浪小，深水区不结冰，且陆域广阔，腹地深远，又有城市为依托，为我国海岸线最北端天然不冻港。

大东港自古以来就是军事交通要道。清朝光绪年间鸭绿江入海口就是一处繁华的港口码头。黑龙江、吉林一带的大量木材制成木排，自鸭绿江漂流而下，集结在大东沟至孤山一带，还有大豆、药材及各种物资也从此运往山东及东南沿海，甚至东南亚国家。当时的大东沟与大孤山都是黄海沿岸的大码头，是当时亚洲为数不多的大商埠。

1894年中日甲午海战正是在大东港附近发生，北洋舰队提督丁汝昌奉命率几乎全部主力舰艇为运兵船队护航，不料通信密码被日军破获。北洋舰队在战斗准备远不及日军充分的情况下与日军进行决战，损失极为惨重。

新中国成立后，大东港得到迅速发展。1979—1985年，丹东港呈现出大发展的局面：改建和扩建丹东港区，新建一号、二号桩基板梁平台码头和铁路专用线，码头设施和装卸能力有了很大的提高。

1985年以后，随着丹东市改革开放步伐加快，丹东市政府将丹东港区规划为沿江经济开发区的商贸旅游区，丹东港区码头一切设施迁往浪头港区。

1992年大东港续建工程项目正式开工建设，续建了三个万吨级泊位及相应配套设施，年吞吐能力为95万吨。

2005年，丹东港集团有限公司成立，大东港迈入了跨越式发展轨道。

2005年初，丹东港务局通过与中国日林集团、美国纽约港务发展公司、美国罗森全球投资公司合资，组建了丹东港集团公司。首期注册资本金3000万美元，两年后增资至1亿美元，其中，引入民间和外商资金达6亿多元人民币。

2006—2008年，新增13号、14号粮食专用泊位，20万吨矿石泊位开工建设，西南航道开始打通，大东港区庙沟主港池开工建设，标志着一座新的大型挖入式港区开始形成。

第五章

气象导航

——千里之行，始于足下

第一节　海洋气象导航

由于船舶在海上航行是一种处于海水与大气两种介质中，受着多种因素影响的复杂运动，自古以来，航海人员就一直饱受环境灾害之苦，到了近代，海浪、雾、海冰以及逆风逆流等不同形式的物理环境，仍给海上交通运输带来不利影响。由于船舶运载能力得到极大提高，相应地，一次海难事故往往会造成更加巨大的损失。据统计，这些海难事故中70%是由于气象条件不利造成的。因此，了解船舶航线的大气和海洋背景，选择最佳航线，以此增加运输利润，减少船舶和货物的损失，使旅客航行舒适，是航运部门一直以来的努力方向。气象导航，就是物理海洋学在这一涉及人和经济的重要领域中的应用。

一、何谓气象导航

海洋气象导航，就是根据航区未来的长、中、短期天气预报，大洋气候特征及洋流运动平均状态，结合船舶性能特点，为船舶设计出一条能避开大浪区，且航程短、航时少、节省燃料，从而提高运营效益的最佳航线，并在航行中利用不断更新的天气和海况预报修正航线，指导船舶航行。

航线的选择不仅涉及气象学、海洋学、航海学、运筹学以及计算机科学等多学科的知识，而且还需要一套船舶、海洋、气象等多方面的实时资料和气候资料。推荐一条最佳航线并不是一件简单的事情，它是导航员在对船只即将航行的海域天气及洋流状况预报进行了准确分析后，运用丰富的航海经验，结合该船只的船舶特性得出的。最佳航线既要求安全，又要求经济。

最短航线不代表最佳航线，这是常识。因为安全是决定因子，在大自然面前，人是渺小的，只有在船、货、人安全的前提下，论及航线长短、节约燃料，才能称为“最佳”。

在当今国际航运界竞争日益激烈的情况下，为保证在航运市场中的竞争能力，如何减少船舶燃料消耗、降低营运成本、保证安全准时、减小船损和货损已成为人们日益关注的问题。船舶气象导航技术的应用是解决这一问题的重要手段，已经具有显著的经济效益。

它可分为岸上气象导航（以下简称“岸导”）、船舶自行气象导航（以下简称“自导”）和船岸结合气象导航三种方式。目前，岸导已具有比较成熟的导航技术和工作系统，自导水平也在不断提高，船岸结合的导航方式是未来发展的必然趋势。

1. 岸导

岸上专业的气象导航机构为船舶提供的导航方式称为岸导。岸导机构拥有经验丰富的各种专业人员，包括气象、海洋学专家，航海家，船长，操作计算机和编制程序的专业人员；拥有大容量、高速度的计算机，用来处理大量的观测数据，制作预报及进行航线优选计算；拥有快速有效的通信网络，一方面用于与气象组织联网，以取得大量的气象、海洋情报资料，另一方面用于船舶的通信联系。岸导的局限性有以下几个方面。

（1）气象科学发展的局限

由于航线设计的主要依据是中长期预报，其准确性不能令人满意，因此岸导机构推荐的航线有时可能是不经济、不舒适的。

（2）对船舶性能了解的局限

岸导机构对船舶载货详细情况、船舶稳性、船龄、船体强度、主辅机可靠性、动力水密封、导航仪器情况、大风浪航行特性和失速情况等了解不够。在船舶申请气象导航时，岸导机构只要求电告初稳性高度（GM）、吃水、船速、平舷、甲板货情况，这些是很粗略的，以此推荐完全符合本船特点和要求的航线是不大可能的。

（3）航线跟踪修正非实时性

在航行过程中，被导船舶首先要定期向岸导公司报告本船船位和天气、海况观测资料。岸导机构做出修正航线后，通知被导船舶。往返联系由于需要海岸电台进行报文转接，往往花费很多时间，有时甚至联系不上，因而难以做到实时导航。特别是遇到恶劣天气时，通信联系不及时就会造成气象导航的失败。有很多船舶驾驶员包括船长，冬季在北太平洋上航行时，有这样一种潜意识——认为纬度越低，风浪越小。但他们又受设计总航程困扰，无奈接受了岸导公司的推荐航线，而岸导公司推荐的航线有时单凭简单的理论航速来推算未来船位和预报的重大天气系统的相对位置。无谓地等待岸导公司新的航线指令时，船舶已经错过了最佳的航线修正时机。

（4）航线跟踪修正局限性

由于岸导机构远离现场，不能随时掌握船舶航线周围天气、海况的实际情况，尤其是船舶本身的在航性能，因此在设计修正航线时往往存在一定的局限性。此外，在天气、海况突然发生变化的情况下，船舶需要临时变更航线或采取紧急措施，岸导方式限制了船长灵活指挥船舶航行的主动性。

（5）岸导保密性差

接受岸上气象导航的船舶必须将出发港、目的港、起航日期和载货情况等信息提供给岸导公司。某些特殊用途的船舶，由于不宜公开这些信息，因而无法采用岸上气象导航。

2. 自导

船长是航行任务的执行者，也是全船的领导者和指挥者，因此他应该比任何人更重视安全。岸导机构只是一个咨询性机构，它推荐的航线只是一种建议性的，并不负任何法律责任和经济责任，船舶是否采用完全由船长决定。同时，岸导机构推荐的航线也不可能绝对无误，即使正确率相当高，也不可能代替船长的现场指挥。因此，不论岸导公司推荐的航线在船长决策中起多大作用，船长在任何时候都不应放弃自己的责任。

自导也存在一些缺点：鉴于船舶气象资源有限，有的船舶每天只能靠气象传真和EGC接受气象信息；此外，船长尤其是年轻船长的自导水平可能存在明显不足。因此，完全盲目地自导，会对船舶安全造成严重威胁。

3. 船岸结合气象导航

为了充分发挥岸导和自导的优势，克服、弥补它们各自的不足，在船岸结合气象导航方面，国内外都提出了有关方案。主要内容是岸导机构为船长提供初始推荐航线和中期天气、海况预报，最后由船长选定航线；或者为船长提供第一阶段航线，即从进入公海开始至航行48小时这一段航线，并不断提供气象、海洋方面的预报资料，以后的航线设计由船长完成。这就要求船长充分理解岸导航线的意图，最大限度地发挥其参考价值。

二、海洋航行中常用的航线

从船舶航行的距离和方向区分，海洋航行中航线可以分为大圆航线、恒向线航线、等纬圈航线以及混合航线。

1. 大圆航线

大圆航线基本沿着两点间大圆弧航行的航线。它是两点间地理航程最短的航线（子午线和赤道除外），特别是在高纬度海区航向接近东西、横跨经差较大时，大圆航线比恒向线航线要短数百海里。但是，由于大圆弧和所有经线相交角度不等，若沿大圆弧航行，必须时刻改变航向。

2. 恒向线航线

恒向线航线是沿两点间恒向线航行的航线。它不是航程最短的航线（子午线和赤道除外），却是航向单一的航线；在低纬度或接近南北极时，它与大圆航线的航程相差不大。

3. 等纬圈航线

等纬圈航线是起始点与目的点位于同一纬度，沿着纬圈航行的航线，即计划航迹向是90°或270°。它是恒向线航线的特例。

4. 混合航线

为了避开高纬度海域恶劣天气以及岛礁危险区，限制航线不超过一定纬度，这种情况下采用的大圆航线和限制纬度上的等纬圈航线相结合的最短距离航线即为混合航线。

根据船舶运输任务及船长的不同要求，所推荐的航线一般又可分为最短航时航线、季节性航线、最舒适航线及战术性航线四种。

（1）最短航时航线

最短航时航线不只是指航行时间最短，而且指船舶从出发港到目的港之间的整个航行给载货和船身带来的损伤最小，其燃料消耗也最少。当然不同的船型和载货，要求也不完全一样，因此可以认为最短航时航线是在保证船货安全或满足其他特殊要求的前提下，使船舶航运各项经济指标达到最佳。所以，最短航时航线又称经济航线。

（2）季节性航线

季节性航线是指特定的季节所推荐的标准安全航线。这些航线根据不同的季节和不同纬度下风、海流、海浪、海冰、风暴等的季节变化因素做出相应的调整。因此，季节性航线也是较安全的航线。

（3）最舒适航线

最舒适航线要求在航行中尽量减少大风浪的影响。客船、邮船和装有特殊货物的船舶常有这种要求。

（4）战术性航线

战术性航线是根据区域性突发的灾害性天气，对计划航线做临时性变更，以回避恶劣天气状况的一种航线。

对一般货船来说，采用的航线应以经济航线为主。近年来，随着船舶运营成本的大幅上升，利润率越来越低，实行减速航行的船舶有所增加。因此，气象导航业务不仅考虑“最短航时”，对“最少燃料消耗”也日益重视，最佳航线的标准也将会发生变化。

三、最短航线——大圆航线的制定

气象导航航线基本上位于大圆航线的两侧。

1. 大圆航线是航程最短的路线

何谓“大圆航线”？地球是球形的，地球面上两点间直接连线，并非最短路程。地球面上两点间最短距离是通过两点间大圆的弧线，即“大圆航线”。

现代船舶跨洋长途运输时，可以选择两种类型的航线：大圆航线（图5-1）和经典航线。按照《世界大洋航路》中的说明，经典航线实际是经验航线，记录了特定起始港口到特定目的港口要经过的中间航点以及这些航点（包括起点和终点）之间的航行方式（恒向线或者大圆线）。因此，不论采用哪种生成初始航线的方式，都要实现大圆航线的生成。

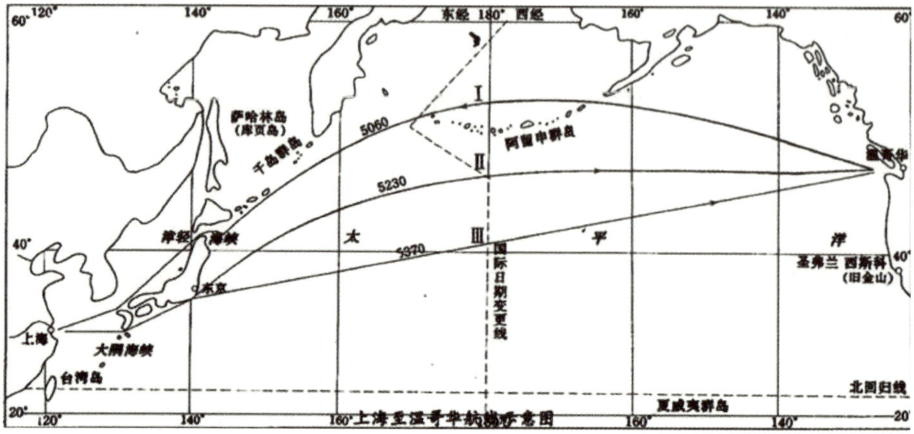

图5-1　大圆航线

大圆航线虽然距离最短，但导航较困难。因此，实际中通常采用长距离靠近大圆航线，而短距离走等角航线的做法。

2. 解析法生成大圆航线

在几何距离上，两点间的大圆航线最短。与恒向线航线相比，在低纬度海区航行或航线较短时，两者相差不大；但当航线所经海区纬度较高或横跨经度较大时，两者相差就较大。例如，由日本东京到美国旧金山，大圆航线航程较恒向线航线航程缩短473千米。大圆航线与各经线的交角都不相等（除与经线或赤道重合外）。沿大圆航线航行的船舶，必须不断地改变航向，才能保持在预定的大圆航线上，此种操作甚为不便。在实际航行中，通用的方法是将基础航线全程划分为若干小段，每一小段有若干可供选择的航线，选择不同的航线，可以到达不同的中间点。这些点和线组成的网络，布设于实际的最佳航线可能通过的海区内。当网络足够密集时，实际的最佳航线必然很接近其中某一小段航线序列。每一小段航程都不长，因此天气和海况因子可当作常量。计算天气和海况因子的影响后，即可算出每一小段的航行时间。在此基础上，逐段地找出到达各中间点的最佳路径，剔除非最佳路径，直至选出全程的最佳航线。

一般是按经度5° 或10° 的间隔（或按一昼夜的航程），在大圆航线上确定若干个转向点（亦称分点），以此将大圆航线分成若干段，船舶沿相邻两分点间的恒向线航行。这样，只要分点足够多，整个航线就基本接近大圆航线。

按照这种思路，可以通过解析法设计大圆航线，计算出大圆航程、大圆航线上航路点坐标、航向等。由球面三角余弦定理可得大圆航程：

$$S=\arccos(\sin\phi_{始}\sin\phi_{终}+\cos\phi_{始}\cos\phi_{终}\cos\Delta\lambda) \quad (1)$$

式中：S为大圆航程；$\phi_{始}$为大圆起始点纬度，$\phi_{终}$为大圆终点纬度，$\Delta\lambda$为大圆起点与终点的经度差。将大圆航程S按一昼夜左右的航程划分为若干段，各段的距离即航路点之间的航程：

$$d=S/N \quad (2)$$

式中：d为航路点之间的航程，N为划分的段数。由球面三角正弦定理可得航路点的航向：

$$C_i=\arcsin\frac{\sin\phi_{终}\cdot\sin\Delta\lambda_i}{\sin S_i} \quad (3)$$

式中：C_i为航路点的航向，i为航路点的编号，$\Delta\lambda_i$为大圆终点与编号为i的航路点的经度差，S_i为航路点至大圆终点的航程，即

$$S_i=S-(i-1)d$$

按式（1）解得的S值单位为弧度或度，应将其化为大圆航程的海里数。按式（3）求C_i时，应保留式中纬度及经度差的符号。由恒向线计算公式可得各航路点坐标：

$$\Delta\phi_{i+1}=d\cos C_i$$

$$\Delta\lambda_{i+1}=d\sin C_i\cdot\sec(\phi_i+\Delta\phi_{i+1}/2)$$

$$\phi_{i+1}=\phi_i+\Delta\phi_{i+1}$$

$$\lambda_{i+1}=\lambda_i+\Delta\lambda_{i+1}$$

根据这一算法，只需要输入航行的起始坐标、终点坐标和最终的分段数，即可设计出大圆航线。

第二节 船舶的失速

在生成航线之后，接着要计算船舶到达各个航路点以及到达目的港口的时间，这就需要知道船舶的速度。通常情况下，船舶的初始速度是固定的，但是在航行的过程中，船舶的速度不可避免地要受到风浪等气象因素的影响，而这种影响在绝大多数情况下都表现为使船舶减速，一般称之为失速。因此，要知道船舶的实际航速，就必须清楚船舶的失速状况。

失速计算是航线计算诸多因素的核心之一，它不仅在航线的计算方面作用很大，还能够提高船位预测的精度和ETA计算的精度，为航线优选提供重要的参考依据。在航运部门的经营管理中，失速计算对缩短航时、节约能耗、增加经济效益均有特殊重要的意义。

一、风与船舶的失速

对传统船舶而言，动力源只有船舶主机，任意角度的风浪都会带来一定程度上的船舶失速。当风速较小时（小于10米/秒），顶风航行时船舶速度下降，顺风航行时船速有较小的增加。船体迎风角是船向和风的来向之间的夹角。图5-2是一艘在满载状态下13.6节（7米/秒）的航速航行的船舶的失速情况。由图5-2中可以看出，只要船体迎风角超过120°，实际船速就非常接近静水航速。

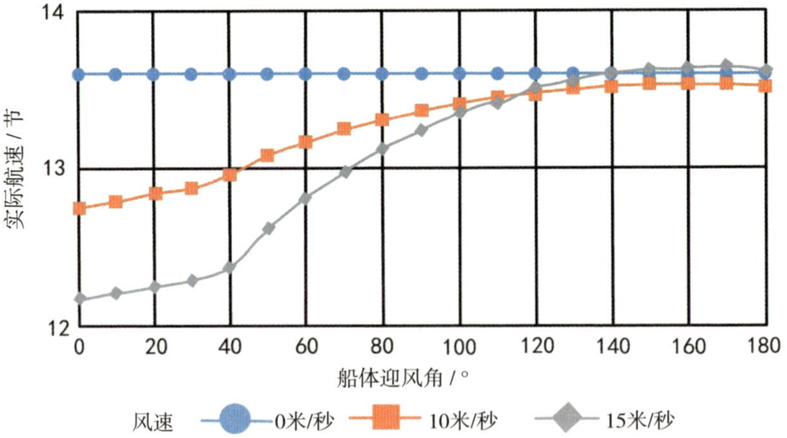

图5-2 目标船（无风力助航设备）航速曲线（李元奎，2014）

一般而言，我们认为2级以下的风对万吨级载货船舶的航速没有影响，而8级以上的风对船舶的影响是灾害性的，遇到8级以上的风，一般建议船舶避让。风速越大，对船速的影响越大。顺风条件下（船体迎风角大于135°）船舶失速相对较少，横风（船体迎风角在45°~135°之间）次之，顶风（船体迎风角小于45°）条件下船舶失速最多。不同等级、不同来向的风对船舶的失速系数可以通过船舶的实际航行经验获取。

二、波浪与船舶的失速

波浪使船舶摇摆、偏航，增加水的阻力；波浪大时，船舶产生不利运动，如甲板上水、拍底、空车等，水的阻力增加，若形成船舶中拱、中垂或谐振，会严重危及安全。船舶在风浪中航行，为了保持航向，舵的动作增多，加大了水的阻力；因摇摆产生货移时，会破坏船的平衡，加大水的阻力，严重时危及安全。相同的自然环境不同时间对速度的影响程度也不一定相同。

迎面波浪的波长是导致船舶纵倾运动的首要因素。当波浪的波长小于船长的3/4时，船舶一般不会发生严重的纵倾。当波浪等于或大于船长时，则常常引起船舶的严重纵倾。纵倾可给船体结构带来实质性的威胁。有时由于船舶速度的关系，船首不断被迎面而来的巨浪拍击，甚至掠过船首，摧毁上甲板建筑。

1. 船舶在风浪中失速的计算

船舶在风浪中失速的计算方法有很多，这些计算方法分为两大类：一类是理论计算方法，即在求得船舶各种运动阻力的情况下计算船舶失速；另一类是数理统计方法，即利用大量试验资料和实测资料建立经验公式进行计算。采用数理统计方法计算船舶在风浪中的失速，主要考虑的因素有船舶在静水中的速度、船舶自身的抗风浪性能、风力大小和风向、浪高和浪向、海流速度及其方向等。

①李志申解决这个问题的途径是：以统计计算法为基础，按不同类型的船舶，再分为若干吨级，统计计算求其速度变量，以求得的较佳结果，统计变量中有效波高、波舷角等。速度变量的函数公式如下：

$$\Delta V = V - V_0 = -(ah_s^3 + bh_s^2 + ch_s) + dh_s^2 \cos\varphi_w + eh_s \cos\varphi_w$$

V为船在不同波高状态下航行速度，V_0为船在静水中航行速度；h_s为有效波高，a、b、c、d、e是经验系数，φ_w为波浪舷角。

②余鹤书等进行失速研究时，失速因子选择了风向（θ）、风速（v）、浪高（h_s）、涌向（φ）、涌高（H）、排水量（T）、航向（ϕ）和航速（V）。考虑到影响航速的诸因素与失速量之间存在的复杂关系，为此将各因子进行加权和数学组合。

根据14个航次的1400个数据，建立了2万~5万吨级货船的失速回归方程：

$$\Delta V_1 = 0.3808 - 0.1711x_1 - 0.00078x_5 + 0.00462x_{10} - 0.00002x_{12} - 0.25518x_{13} + 0.00407x_{14} - 0.00093x_{15}$$

根据10个航次的1050个数据，建立了5万~10万吨级货船的失速回归方程：

$$\Delta V_2 = 0.0547 + 0.05177x_3 - 0.00152x_5 + 0.00008x_6 - 0.00028x_8 - 0.00679x_9 - 0.15533x_{13} - 0.00172x_{15}$$

式中：$x_1 = h_s$；$x_3 = h_s^2\cos(\phi-\theta)$；$x_5 = v^2$；$x_6 = TVv\cos 2(\phi-\theta)$；$x_8 = TVH\cos 2(\phi-\varphi)$；$x_9 = H^2\cos(\phi-\varphi)$；$x_{10} = h_s^3$；$x_{12} = v^3$；$x_{13} = H$；$x_{14} = H^3$；$x_{15} = v^2\cos(\phi-\theta)$

2. 船舶在风浪中失速的图示法

从失速统计方程的结果看，船舶速度的变化和风、浪、涌的综合影响密切相关。图5-3是按照上述回归方程计算的5万~10万吨级货船失速值与风浪的关系。

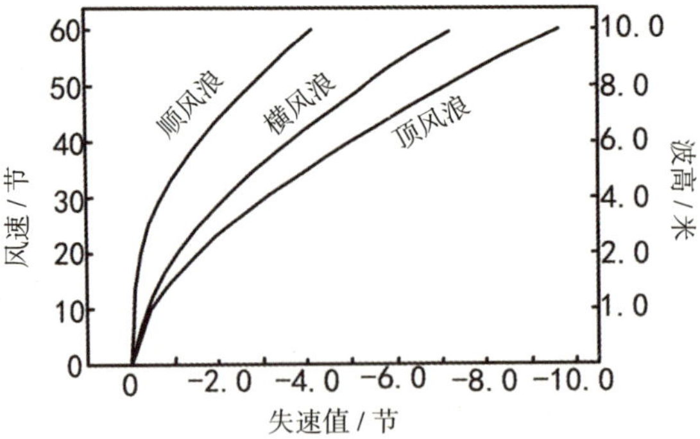

图5-3　5万~10万吨级船舶失速与风浪关系

从图5-3中可以看出，在不同的风浪条件下失速值的变化十分显著。当船舶在20米/秒（40节）的大风和6.0米波浪的情况下，顶风时船舶失速值达5.0节，而顺风时仅1.5节；当风速加大到30米/秒（60节）、波高10米时，顶风船失速值达9.5节，而顺风船失速值仅为4.2节。可见顶风逆浪对船舶航行极其不利。

一般而言，在大洋上遭遇风暴时，船长为了减轻恶劣顶风浪的影响，经常主动降低航速，以便提高船舶的稳定性。纳木湖轮（已退役）在1984年2月航行中被一个快速移动的爆发性气旋追上，在12小时内气压下降32百帕，风速从5米/秒加强到30米/秒，有效波高从2米增至10米。在这种恶劣的顶风浪形势下，船长把推进器转速从正常的146转/分降低到105转/分，航速从14节左右降低到2.5节，处于滞航抗风浪状态，待风暴过后才调整到正常速度续航。

在上述统计方程中，特别是在强烈风浪下，失速值是比较复杂的，它不仅取决于自然因素（风、浪、涌）的影响，也可能把船的功率变化等不易确定的因素包含在内。

一般而言，2米以下的浪对万吨级的载货船舶航速没有影响，7米以上的浪则对这类船舶有灾害性的影响，遇到7米以上的浪，建议船舶避让。浪高越大，对船速的影响越大。顺浪（浪向和航向的夹角大于135°）条件下，船舶失速相对较少，横浪（浪向和航向的夹角在45°~135°之间）次之，迎头浪（浪向与航向的夹角小于45°）条件下船舶失速最多，不同高度不同来向的浪对船舶的失速系数可以通过实际的航行经验获取。

三、与船舶失增速有关的大洋海流

像陆地上的江河一样，海中也有海流——方向指向固定方向的流动（图5-4），最大流速超过1米/秒（日本南部“黑潮”和墨西哥湾东部“湾流”）。海流是世界上最大的河，有的宽达965千米，有的流量超过长江平均流量的1000倍。海流的能量大得惊人，相比之下氢弹就成为“玩具”。

海流像运输带，把生物在地球70%的表面上往来运输。能把西印度洋群岛的海豆送到数千里外的欧洲沙滩；椰子原产地是马来西亚，椰子落到海里被海流送到南太平洋各地，使几千个海岸边都有了椰树。

在北太平洋，表层有一个顺时针环流；在南太平洋，有一个方向相反的环流。在大西洋的南部和北部也各有一个环流，模样大体与太平洋相仿。印度

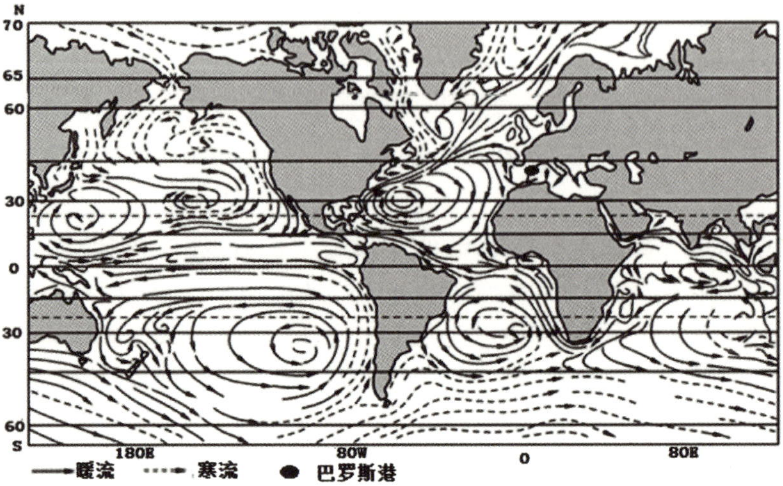

图5-4　世界大洋海流

洋有些特殊，只在赤道以南有个环流，印度洋中部位于赤道以北的洋域太小，又受陆地影响，难以形成长年稳定的环流。由于季节不同，印度洋北部的海流方向随着季风改变，夏季是自东向西流，冬季则相反，海流由西向东流。北冰洋由于位置特殊，又受大西洋海流的支配，也只形成一个顺时针的环流。

历史上有很多利用洋流航海的故事。

故事一：1492年8月3日，意大利航海家哥伦布在西班牙王后伊莎贝拉的支持下，率领3只船组成的船队，从巴罗斯港（37° 15′ N，6° 55′ W）出发（图5-5），向西横渡茫茫大西洋，寻找通往印度的航海线。经过37天漫长航行到达今天的

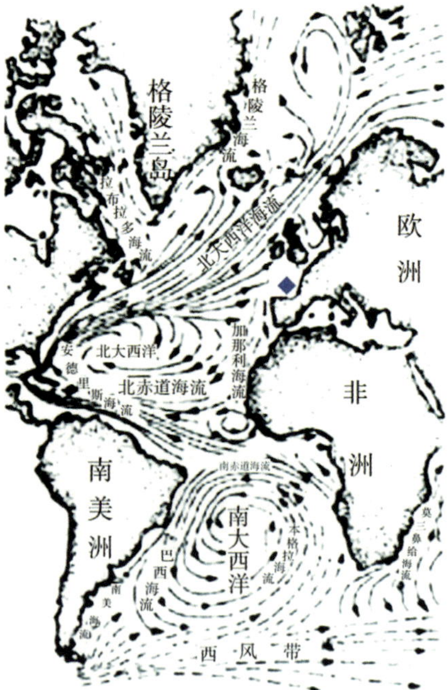

图5-5　哥伦布利用海流向西航行示意图

巴哈马群岛，发现了一块新大陆一美洲大陆。1493年，哥伦布第二次去美洲时，没有按原路向西行，而是顺着西班牙和北非两海岸南下。接近赤道时，才向西横渡大西洋。这次只花了20天的时间就顺利到达美洲。绕了一个大圈，时间却比第一次少用了17天。 究其原因是第一次横渡大西洋是逆风——西风带、逆水——北大西洋暖流，故耗时费力。第二次是顺风顺水，即从巴罗斯港向南，顺风——东北信风带，顺水——加那利寒流，在赤道附近向西则顺着北赤道暖流，虽然绕了一个大圈时间却比第一次少用了17天。

故事二：1941年12月7日，日本偷袭珍珠港（21° 21′ 38.70″ N，157° 57′ 12.01″ W）。为确保偷袭成功，日本人在行动之前进行了充分而缜密的研究。从日本本土到珍珠港有多条航线。但是最终选择经阿留申群岛的北航线，即北纬40° 航线（图5-6）。

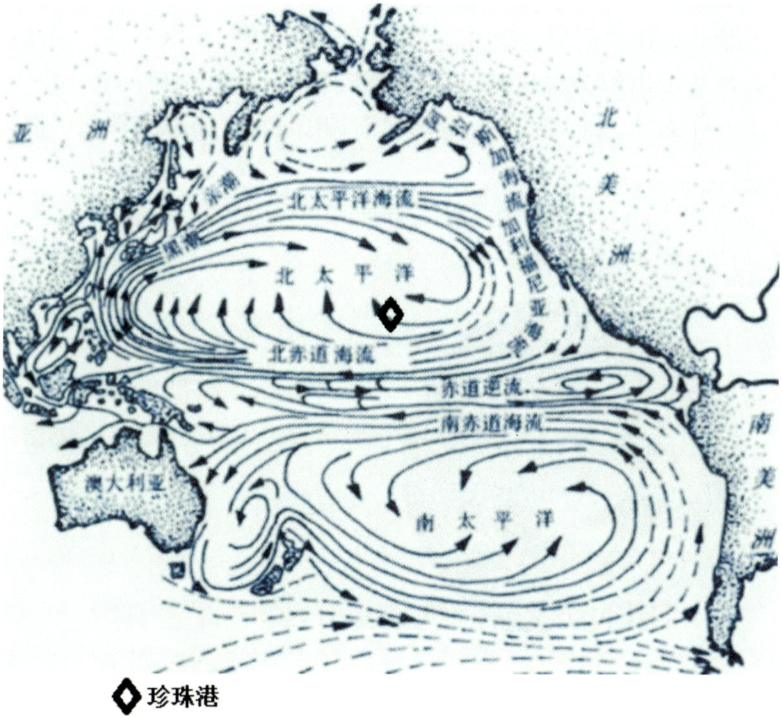

图5-6 日本偷袭珍珠港利用海流航行示意图

沿北纬40° 左右的北太平洋海流东进，然后沿加利福尼亚海流南下。虽然沿途受西风带控制，多气旋活动，气候恶劣，风大浪急，不利于航行和中途加油。但是顺航可以节省燃料和时间，并且远离美国航空兵的飞机巡逻范围，一般无商船，便于隐蔽。于是，日军以迅雷不及掩耳之势，偷袭珍珠港成功。

四、与船舶失增速有关的潮流

除方向基本固定的海流之外，还有方向周期性变化的潮流。大洋中潮流流速一般不超过10厘米/秒，比海流的流速小一个量级；但是在近海，如中国的渤海、黄海、东海，潮流的流速要比海流大一个量级。在东海舟山群岛的水道中，潮流流速有时达到2~3米/秒。因此，近海交通运输还要考虑潮流的动力因素，尽可能避开逆潮流流向而行的情况，或者避开潮流最强区域。

1. 水位的涨落（潮汐）是怎样引起的

王充说："涛之起也，随月盛衰。"这里"涛"即是"潮"。这句话的意思是，潮汐涨落的高度和时间，和月亮有关，如图5-7所示。民间常说的"初一十五涨大潮，初八二十三，到处都是烂泥滩"是王充那句话很好的注解。这里初一、十五，指的是农历。

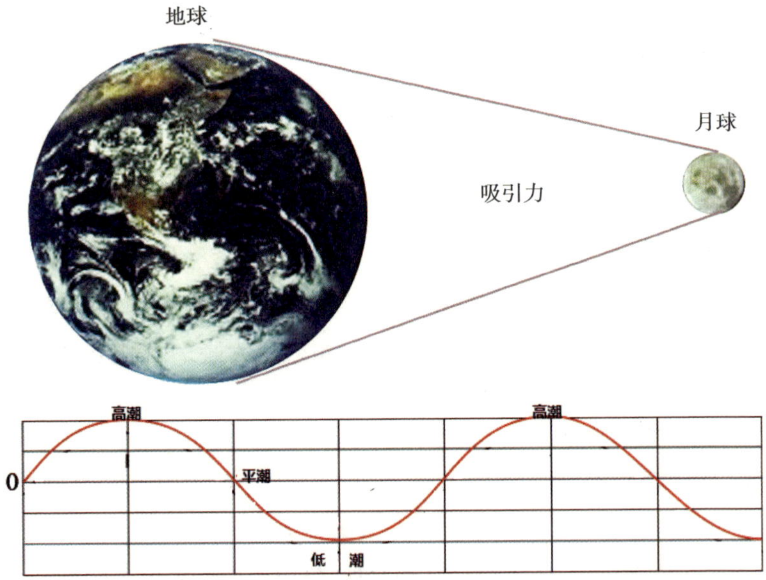

图5-7 涛之起也，随月盛衰

但是，王充只把潮汐形成的主要原因讲了，实际上，潮汐涨落不但与月亮有关，而且与太阳也有联系。

地球表面水体受到月球的万有引力，同时地球绕地—月公共质心运动又使水体产生离心力。同一“块”水体受到的这两个力的合力，就叫月球引潮力。地球是太阳系中的一个重要成员，太阳也会像月亮一样，给地球表面水体施加一个太阳引潮力（图5-8）。由于太阳距离我们太远，它的引潮力比月球小得多：只有月球引潮力的1/2.17。即使如此，太阳引潮力也是不能忽视的：所谓“初一十五涨大潮”，是因为这两个时间，太阳和月球在一条直线上，两个引潮力“力往一块用，劲往一处使”，才会产生大潮；初八、二十三这两天，太阳引潮力与月球引潮力会互相抵消一部分，因此，水位涨得不高，落得也不低，潮差不大。

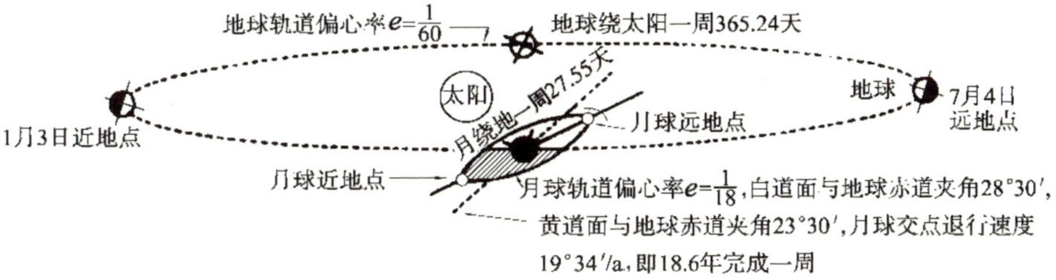

图5-8　日、地、月位置示意

2. 潮汐类型

（1）正规半日潮

在一个太阴日（约24小时48分）内发生两次高潮和低潮。两个高潮和两个低潮的高度都相差不大，而涨退历时也很接近（6小时12分）。黄海、东海居多。

（2）不正规半日潮

在一个太阴日内有两次高潮和低潮，但是两相邻的高潮或低潮高度不等，涨潮时间和落潮时间也不等。渤海居多。

（3）正规日潮

在一个太阴日内只有一个高潮和低潮，在半个太阴月中，至少有一半天数是正规日潮型。东营市东营港是最典型的正规日潮区，北部湾也是典型正规日潮区。

（4）不正规日潮

在半个太阴月中日潮型天数少于七天，其余时间均为不正规半日潮潮型。南海基本是不正规日潮区。

3. 潮汐的孪生弟弟——潮流

引潮力可以产生水位升降，而水位为什么能升降？是因为水能流动。当水往一处辐聚时，水位就要升高；当水辐散时，水位就要降低。这种流来流去的水流就叫潮流。潮汐与潮流是一对孪生姐弟，姐姐潮汐，温文尔雅，娴静端庄，静静升高，静静降低，不仔细观察，根本看不出水位的变化，是淑女型。弟弟潮流，来如流矢，去如脱兔，是武士型。

（1）潮流类型

潮流分为正规半日潮流、不正规半日潮流、不正规日潮流及正规日潮流四种。黄海、东海基本是正规半日潮流，渤海、南海基本是不正规日潮流。

（2）潮流运动形式

潮流运动形式基本是往复运动（图5-9、5-10）。但是，在半日潮海区，涨潮6小时和落潮6小时中，潮流方向不是一成不变的，远离岸边的外海及广阔海域的潮流一般为旋转形式。近岸潮流基本都是往复流，即在一条直线上往复运动。

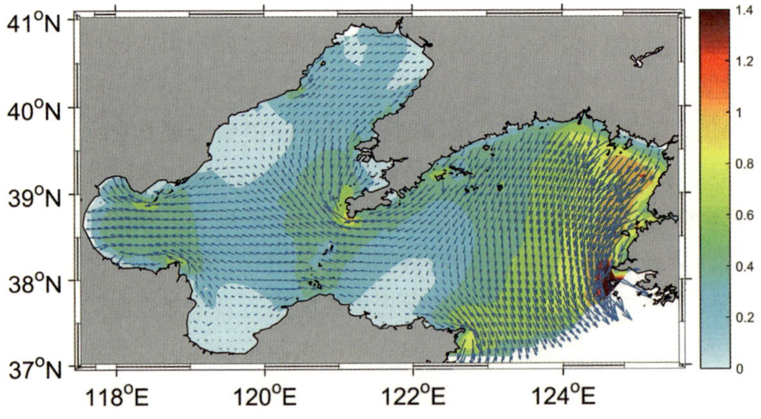

图5-9 渤海与北黄海涨潮时刻潮流场（卢绿）

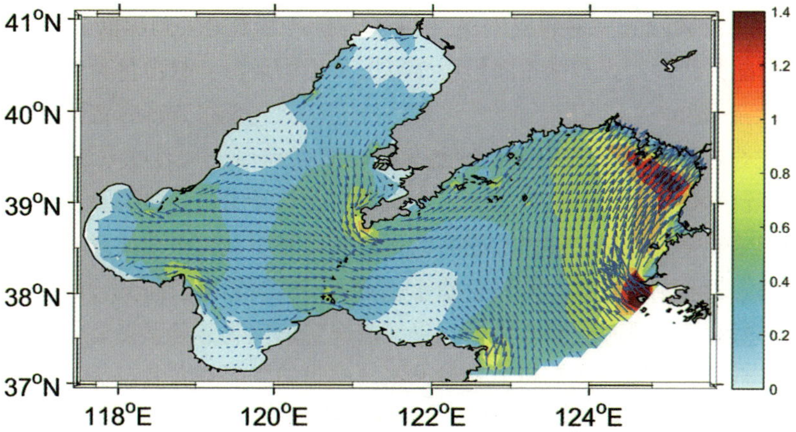

图5-10　渤海与北黄海落潮时刻潮流场（卢绿）

第三节　导航实例

一、正确利用洋流的气象导航

以从南非的理查德湾到哥伦比亚的圣玛尔塔港航线导航为例。

一般而言，在接受客户的委托后，气导公司首先会询问船舶的基本情况，如ETD（预计离港时间）、船上油水存量、货物、船速等，特别是船方自己设计的航线。然后，在回电中向船方提供气导的推荐航线，同时给出理由。从图5-11中可以看出，起始和到达部分的沿岸航行没有航线设计问题，问题出在跨南大西洋的航程部分。

最简单的跨洋航法是从好望角向西北方向直驶巴西东北角，航线设计简单，在航线设计图上用一条直线连接两个端点即可，看上去距离也短。

但是，这条航线存在明显的缺点：跨洋航行船舶受风浪影响比较大。尤其是在跨洋航行的初期，船舶处在盛行西风带，正好是偏顶风，影响船速。由于常年受西风的影响，南大西洋的海流为逆时针方向流动。

经过仔细比较权衡，船方选择的航线：从理查德湾出发之后，南行到达好望角，然后转向北。沿非洲西海岸的本格拉海流大致向北偏西方向驶到圣赫勒

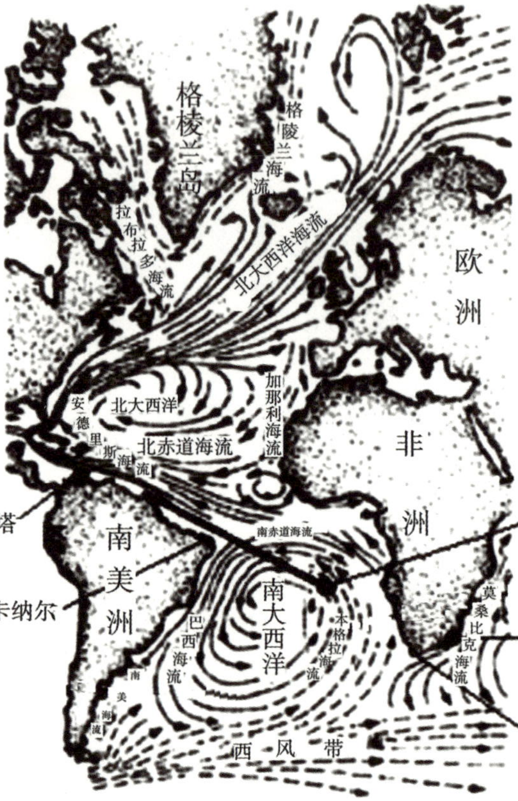

图5-11　从南非理查德湾开往哥伦比亚的航线

拿岛（拿破仑被流放、病死的岛屿，16° S、5° 45′ W）附近，再跟随南赤道海流向西行驶到巴西东北角的卡尔卡纳尔角附近，转向沿巴西海岸航行。

这条航线的好处在航线设计图上一目了然。过好望角后，它可以迅速走到低纬度海区，及早脱离西风带引起的大风浪区域。同时沿途可以很好地利用本格拉海流、南赤道海流，提高航速，补偿因航线延长引起的航行时间损失。

气导公司：在已经考虑过船方设计航线的基础上，我们否定船方预定的航线。推荐从好望角直驶巴西东北角的航线。理由是航程最短，与船方的设计航线比较，可以早到6个小时。

船方回电：我们不同意你们设计的航线。尽管我们的设计航线较长，但优点是利用了本格拉海流与南赤道海流，可缩短航时。

气导公司：船方设计的航线尽管利用了本格拉海流与南赤道海流，但比推荐航线多190多千米，所以仍然会比气导推荐航线晚6小时。

船方回电：整条航线利用了海流，在跨洋的10天航程中，假设平均流速为0.5节，10天流程可达222千米。所以可能不会比气导推荐航线更耗时，或许还可以因此节约航时。

最终气导公司认可船长的方案。

正如后来实践证明的那样， 10天的跨洋航程风平浪静。借着海流的作用，船期没有任何延迟。

二、规避恶劣天气的气象导航

以黎飞（2005）的导航为例（图5–12）。

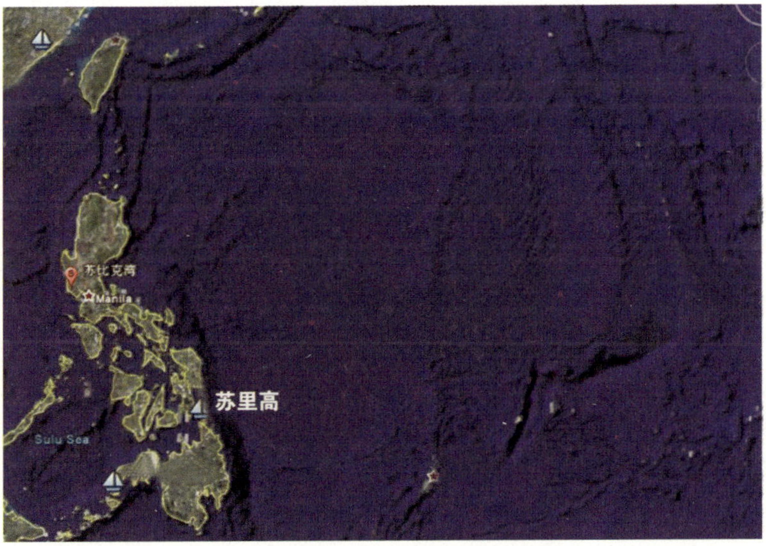

图5–12　孟买至旧金山避台风经苏力高

2004年8月，正值西太平洋的台风季节。从孟买到新加坡海峡，近乎沿岸航行，航线没有选择余地。出新加坡海峡后，比较简单的航线是向上行驶，穿越南海，到达菲律宾的吕宋海峡后，走大圆航线驶往旧金山。整个航线都近似大圆，所以航程较短。缺点是在台风季节，船舶长时间航行在台风频发的南海以及台湾以东、日本以南的西北太平洋海区，遇到台风的可能性很大，并且跨洋航行少有避风处所。船上装载卷钢，重心低，船舶在风浪中摇晃得厉害。

因此，在设计航线时，船长将重点放在避开热带气旋这一灾害性天气系统上。出新加坡海峡后，船向东行驶，穿越菲律宾的苏里高海峡（如图5-12所示，该处台风弱），之后走大圆航线至旧金山。这条航线的优点是，受热带气旋的影响最小。气导公司收到船方的电报后，推荐的航线是穿越南海，过吕宋岛之后走大圆航线。船方回电，说明船方在20天前开始进行航线设计，选择这条航线主要考虑避开南海与西北太平洋这两个台风活动区。气导公司再次推荐穿越吕宋岛的航线，理由是：船方设计的航线航程较长，约多出111千米；其次，船方设计的航线无法避免苏里高海峡以东可能发生的热带气旋的影响。

对此，船方回答的原因如下：

①111千米的距离不算很多。再者，航程最短的航线并不一定是最佳航线。

②船方设计的航线避免了穿越南海，穿越一个台风活动海区比穿越两个台风活动区要安全。

③推荐航线经过的是热带气旋发展成熟海区，风力较大；船方设计的航线经过的苏里高海峡以东海区纬度低，是热带气旋的形成发展海域，即使遇到气旋，风力也较小。

④在推荐航线上的南海或西北太平洋如遇到气旋，船舶常处在台风路径上或是在危险半圆内，危险性很大；如提早避风，可能使船期延误较长。但在苏里高海峡外遇到气旋，船舶就可以向低纬度地区调整航向进行避让，能够总处在可航半圆上。

最后，气导公司认可了船方设计的航线。

实践证实，出了苏里高海峡，船舶果然遇到了8月下旬接连生成的、后来影响我国东南沿海的两个热带气旋。正如设计航线时所预料的，船舶一直航行在气旋前进路径左侧的可航半圆内，遭遇风力最大时不超过9级，而南海的风力都超过10级。

1. 规避波浪失速的气象导航

当船向左舷或右舷摇摆时，由于本身固有的稳性，船舶可以恢复到直立位置。船的横摇速度反映船的稳性。

如果船在装载后上重下轻，其稳性就小。这时恢复平衡的能力相比原设计下降，摇摆速度变慢，船的稳定性变差。但是，如果装载货物集中在船体下部，则稳性会过大，从一侧向另一侧摇摆速度会很快。因此，要正确地装载货物，确保船的稳性适中。船舶恢复平衡位置的能力是船舶稳性和摇摆角的函数，而摇摆角又与入射波的波高和周期有关。

2. 波浪与船舶失速

美国海军海洋学家理查德·詹姆斯发现，对船舶失速影响最大的就是波浪。因此他花了很大精力，从各种航海日志浩如烟海的记录中，整理出船速的降低与逆浪、横浪和顺浪的关系。詹姆斯在对资料进行统计分析的基础上，推出几种不同类型的船舶性能曲线（虚线为外推），如图5-13所示。

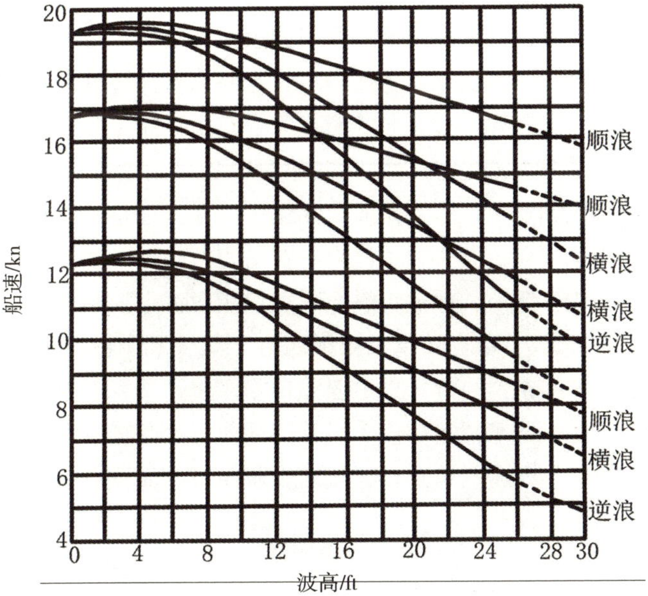

图5-13　詹姆斯推导出来的三艘船舶的性能曲线（虚线为外推）

从图中可以看出，当逆浪或横浪高于12英尺（3.7米）时，或顺浪高于20英尺（6.1米）时，船速可下降10%~20%。

3. 最佳航线选择——詹姆斯的PNJ方法

根据船舶性能曲线，加上海洋实时波浪资料和波浪预报资料，即可计算从一个港口到另一个港口的最省时航线。这里给出詹姆斯选择最佳航线的PNJ方法，主要步骤如下。

①研究船舶将要穿越的海区在今后一段时间（以24小时为一周期）内风的预报资料，在有气象锋和暴雨时，要使用时间间隔短于24小时的天气图。然后用准地转近似法和大气稳定度修正值及摩擦修正值，从海洋天气图中推导未来情况。图5-14和图5-15是2005年利用地面天气图预报海浪的一个实例。

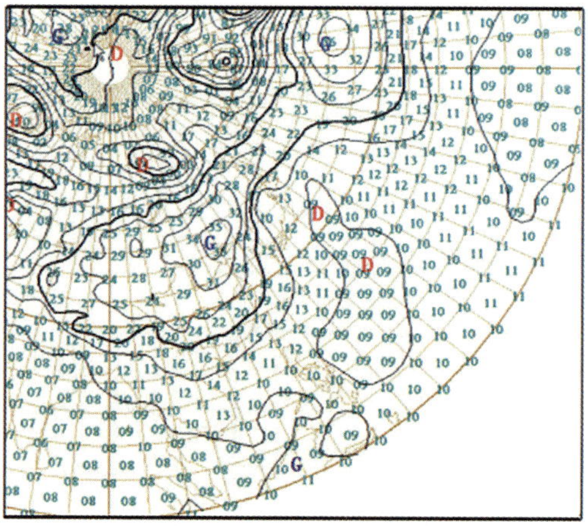

图5-14　10月21日12时地面形势分析

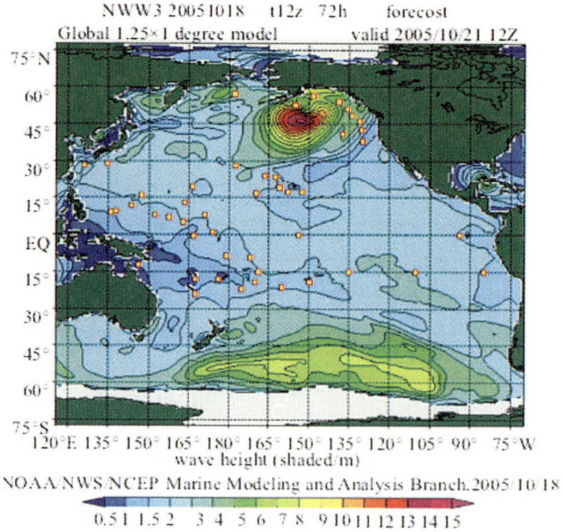

图5-15　10月21日12时的海浪预报（赵学洋，周云山）

②把计算出来的海区波高、实测波高以及波浪传播方向绘成图（图5-16）。

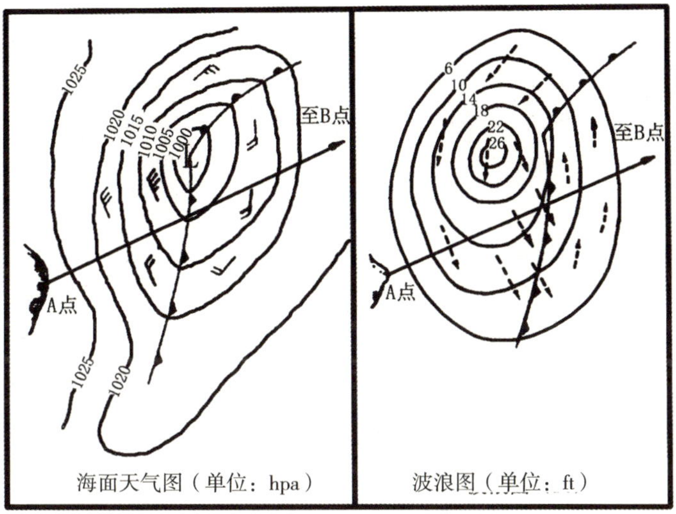

图5-16　计算A、B两点间最佳航线时使用的海洋天气图和对应的波浪图

③将船舶性能曲线应用到波场中，绘出风暴区的船速等值线图。

④在船速等值线图上绘出一连串从起航点向外扩散的、代表以后24小时的航程线段，将各条表示一天航程的线段终点连成一条光滑曲线（图5-17）。

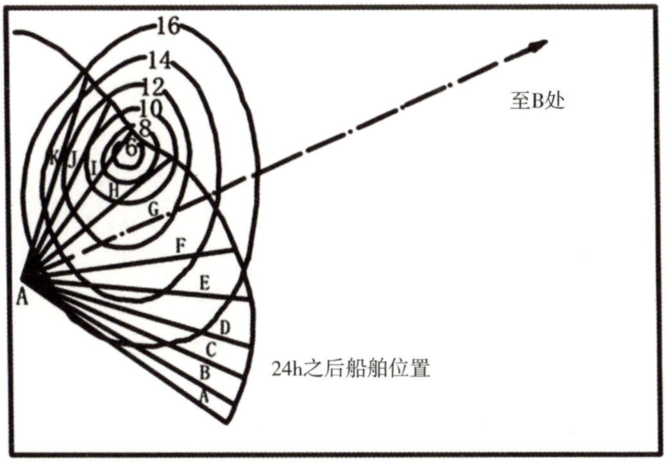

图5-17　从A点出发、不同方向24小时后船舶位置

⑤从图5-17第一条连线（第一个24小时）起，根据第二天天气预报的波浪图（波高与方向），再将各条航程线向外延长适当距离，用以代表第二天航行距离（48小时后位置）。再将第二天航线终点连成平滑曲线。依次画下去，直到距离目的地只有3~4天航程为止。这时，以到达点为圆心，画一条与最后的曲线相切的圆弧，以此来确定再航行数日就可到达的最近点。这一点到目的地再画最后一条直线，便得到一条完整的最省时航线。图5-18表示的是一幅完整计算图。根据波浪计算结果，再考虑风、浪、流等气候条件及其他因素，便可确定最佳航线。

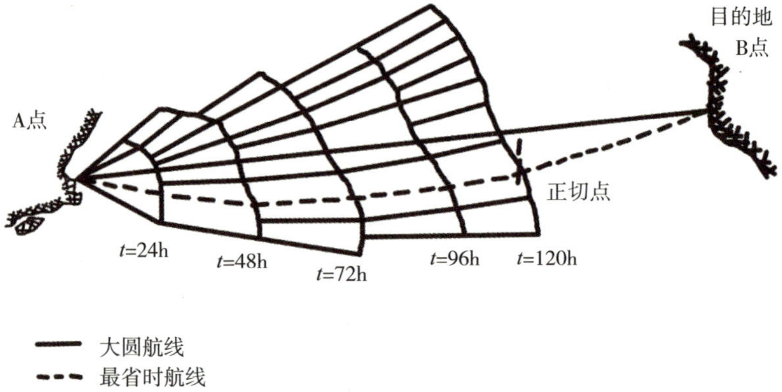

图5-18　根据预报的波浪，推算最省时航线

三、气象导航中安全才是首选

梁斌在《气象导航下的中国船》一文中，生动地记载了一次次生死之航——冬季从中国至加拿大西岸的航行。

按过去的习惯，冬季从中国至加拿大西岸的航线，走的是低纬度，即从中国出发，自日本大隅海峡（131° 0′ E，30° 55′ N）穿过，经过夏威夷以北到达北美洲西岸。这条航线风小浪低，比较安全。按每天航行555千米计算，需要25天以上。按美国气导公司的意见（当时我们接受美国的气象导航），走大圆航线，即出日本北海道，经白令海，经乌尼马克岛（54° 9′ N，163° 48′ W）到达北美洲西岸。以相同航行速度计算，航程只要20天，比直航减少5天。

美国气导公司不容置疑地要我们这样做，船长为了节约5天时间，再发扬“一不怕苦，二不怕死”的精神，大圆航线自然是航线中的首选。但是，冬天的白令海水温低，气候复杂，低压气旋接踵而来，整个海区风力总在8级以上，海浪汹涌滔天。这是一条不折不扣的危险航线！

1983年，“明海”轮经历了一次这样的航行。

“明海”轮是一艘前南斯拉夫1964年造的载重36000吨的散装货船。长198米，宽32米，吃水10米，7个大舱，5组10吨的船舶吊，12000马力的内燃机，节能航速13节，船上有52名船员。

1983年1月1日，“明海”轮从秦皇岛港出发前往加拿大西岸鲁伯特太子港（54° 19′ N，130° 19′ W），到那里装载小麦后再返回上海卸货。

船一到日本海，就在六七级的风浪中前进。出了北海道进入北太平洋，海上的风力达到8级以上，进入白令海以后情况就更加严峻了：

白令海在北纬50° 以北，北极南下的寒流、西伯利亚的高压冷气团、北美大陆的低压气团纷纷在这里交汇、搏斗。在卫星气象云图上，一个接一个的低压气旋密密麻麻地挤满了整个白令海的上空。此处风力总在10级以上，还伴有厚厚的云层和雨雪。

每年夏天，国内人们总把抗击台风当作一场斗争，而白令海的冬季，低压气旋的摧毁力度一点不比台风差。“明海”轮进入白令海后，船上的倾斜仪就像不倒翁一样摆来摆去。风浪最大的那天晚上，指针竟然偏出了倾斜仪的最大刻度38°！

驾驶台是全船最高的部位，平时距离水面有30米，那时海水直扑驾驶台，一遍遍地洗刷着驾驶台的门窗玻璃。货轮变成了一艘潜艇，每一秒钟船员们都会觉得像一小时那么长。风速表上显示的风速按蒲氏风级的标准达到14级以上，天与海已经分不出界限，船上的人们觉得自己仿佛置身于一个滚筒洗衣机中，在迅速翻卷的泡沫中挣扎。船员全都用皮带把自己绑在床上，免得翻到床下去。甚至有一夜，船上的船员全都郑重地穿好礼服，给岸上发出一封电报：“祖国！再见！”

在浪中搏斗整整一天之后，船员们检测船位的时候，发现不但没有前进，反而后退了几千米。几十厘米厚的船板和龙骨都因为船身的剧烈扭动遭到了不同程度的损伤，大风浪还卷走了十几米长的栏杆，将主甲板撕开了一道几十厘米长的裂缝。美国气导公司在指导船开航后每天都会发来指导电报，这时也不再发“指导”了，只是不断地发来相关的气象资料，最后的一句话是：“愿上帝保佑你们！”最终，老旧的“明海”轮奇迹般地完成了近40天的艰难航程，载着34000吨小麦从加拿大回到了上海港。

第四节 效益分析

一、接受导航的经济效益

接受导航的经济效益分析，可以从图5-19中看出。“固定的航行费用”是指一艘货船的租船费、船员工资、靠港费、装卸费、保险费等；“航行费用”，主要是燃油费、与航行时间有关的运行成本费（工人奖金、延时的租船费的利息等）；采用气象导航还要付“航线选择所需费用”。

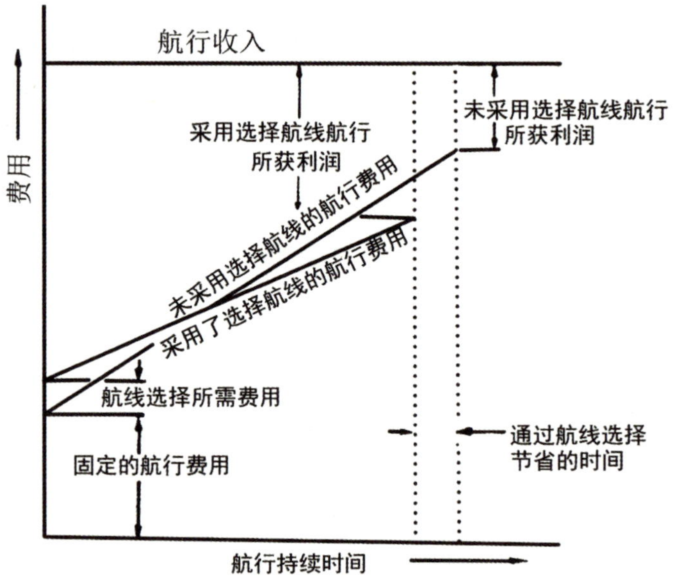

图5-19 做气象导航和未做气象导航经济效益分析

至于对气象导航的评价，可采用两种不同的比较方法：一种是将一条被导航的船舶与同期航行的一条自选航线的船舶进行比较，这种方法将在下面举例说明；另一种是将采用气象导航的船舶与沿习惯航线航行、未采用气象定线的船舶相比较。下面是84艘次接受气象导航的船舶试验结果（表5-1）。

表5-1　1985年10月—1986年9月采用气象导航的船舶经济效益分析

	节约里程/海里	节约航时/天	节约燃油/吨	节约燃料费/元	节约营运成本/元	气导支出费/元	总节约费用/元	艘次
温哥华→日⇄中	13484	38.2	1126.1	202689	454097.7	32708.0	624078.7	13
中→日→长滩	5277	14.0	489.61	88129.8	207987.0	52965.5	243151.3	21
中⇄日⇄巴尔博亚	99	-0.04	35.94	6466.2	1996.1	79235.5	-70773.2	30
中⇄澳	684	2.2	113.07	20352.6	26605.2	5883.0	41074.8	4
新加坡⇄苏伊士运河	45	0.1	4.18	752.4	2750.2	4551.0	-1048.4	3
巴（拿马）⇄美	438	1.2	36.13	5503.4	32555.1	7511.0	30547.5	7
西欧⇄美	326	1.4	40.92	7365.7	-2586.4	12802.0	-8022.7	6
总计	20353	57.1	1845.9	332259.1	723405.5	195656.0	859007.9	84
平均	242.3	0.68	21.975	3955.46	8612.0	2329.2	10226	1

从表5-1中可以看出：

①84艘次总共节约航程20353海里，节约航时57.1天，节约燃油1845.9吨，节约人民币332259.1元，气象导航支出费用为5288美元，折合人民币195656元，每日营运费和租船利息节约人民币723405.5元，合计节约人民币859007.9元。平均每艘次节约航程242.3海里，节约航时0.68天，节约燃油约22吨，平均节约费用10226元。

②从7条航线采用气象导航技术的经济效益来看，温哥华→日⇄中航线经济效益最为显著，平均每艘次节约航程1037海里，节约航时2.9天，节油86.6吨，节约人民币48006.1元。其次是中→日→长滩和中⇄澳航线，平均每艘次可节约人民币11578.6元和10268.7元。再次是巴（拿马）⇄美航线，平均每艘次可节约人民币4363.9元。其他三条航线出现负值，其中中⇄日⇄巴尔博亚负值最大，平均每艘次多付人民币2359.1元。对该航线30艘次进行分析，13艘次是东航船舶，采用气象导航后为正值，共节约人民币112183元，平均每艘次节约人民币8629.5元。这条航线赤字主要来自西航，共17艘次，共多支出人民币182954元，平均每艘次为10762元。但该航线采用气象导航的主要意义是广泛利用顺风、顺流。在这84艘次中，顺风和横风占79.2%，顶风只占20.8%，平均增流、增速0.1节，达到节能和保证船舶安全的目的。

二、大圆航线经济效益分析

大圆航线就是距离最短、需时最少、自然最省燃料的航线。本书作者针对冬季北太平洋进行了最省燃料航线模拟试验，对不同边界条件t_0、t_f（船舶航行时间）下的最省燃料航线做了对比分析。

航线模拟试验时，采用刘烽等时性离散动态规划法计算最短时间航线。试验船舶为集装箱船。船舶失速函数研究结果：

$$V = 0.7995\ P^{0.3339} - 15.006\left[1 - \exp(-0.008238\,h^{1.9005})\right] \cdot$$
$$\left[\exp(-0.462\alpha^{1.8997}) + 0.3091\right]$$

h为合成波高，α为航向与优势波向之间夹角，P为主机功率。

船舶燃料消耗：

$$F = (0.0001407\,P + 0.2806)\ t$$

冬季北太平洋波浪预报，根据须田建等研究结果，采用5天平均波浪预报模式，利用600百帕纬向指数进行波浪模式预报。海流采用北太平洋2月统计的平均分布结果。

模拟试验中，船舶出发港和抵达港分别为横滨和长滩。航线设计起点和终点为34° 40′ N，140° E和34° N，118° 30′ W。规定船舶航行时间分别为240小时、252小时和264小时。

船舶东航时，三种不同边界条件下的最省燃料航线如图5–20所示。表5–2给出了三条航线的总航时、总航程、平均航速、平均波高、航线最高纬度、主机输出功率和燃料消耗。

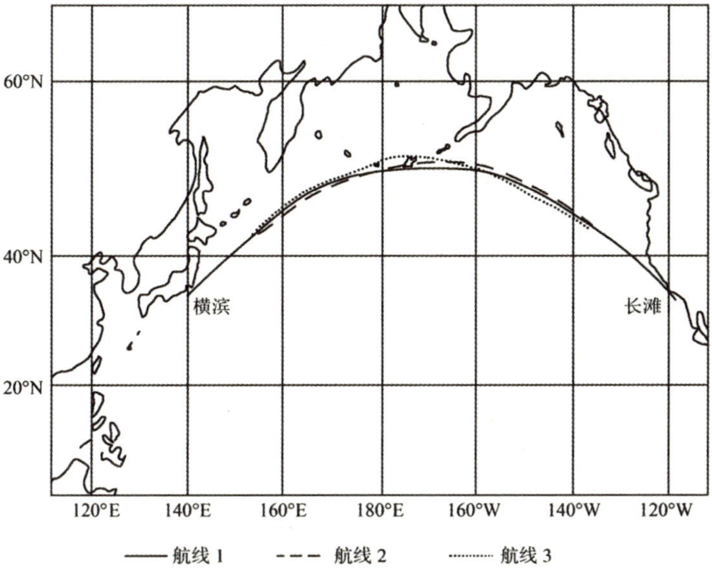

图5-20 东航最省燃料航线计算结果

表5-2 东行三条航线总航时、航程和燃料消耗对比

	航线1	航线2	航线3
总航时（时）	240	252	264
总航程（海里）	4786.6	4796.9	4787.2
平均航速（节）	19.9	19.0	18.1
平均波高（米）	5.3	4.7	4.6
最高纬度（北纬）	44° 46'	43° 31'	44° 31'
主机输出功率（马力）	17020	14890	13090
燃料消耗（升/千米）	624.1	598.7	560.2

（1马力=0.7355千瓦）

从航线计算结果分析，尽管三条航线均为最省燃料航线，但是，规定船舶航行时间越长，就要求船舶主机输出功率越低，相应航线的燃料消耗才能越小。因此，在实际船舶最省燃料航线设计时，应注意考虑合理确定船舶航行时间。如果规定船期太短，船舶燃料费用将会显著增加。

船舶西航时，三种不同边界条件下的最省燃料航线如图5-21和表5-3所示。表中三种航线具有不同的燃料消耗。与船舶东航时情况相同，当船舶航行时间越长时，航线燃料消耗越小。

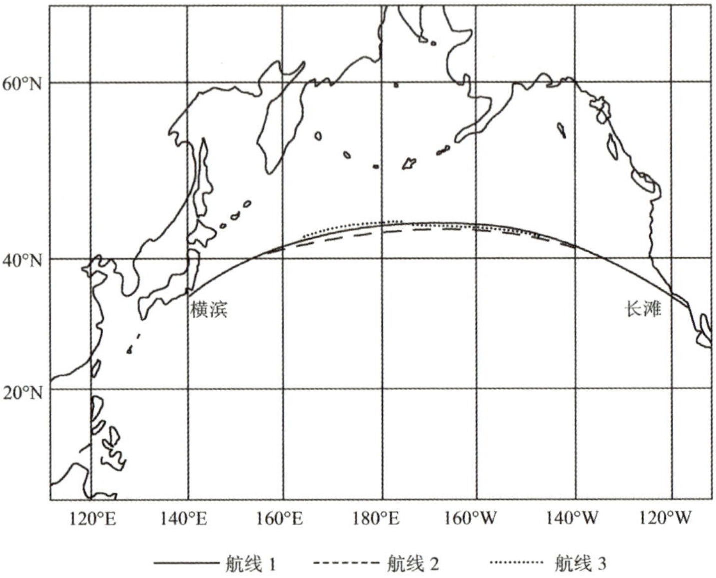

图5-21　西行航线

表5-3　西航最省燃料航线计算结果

	航线1	航线2	航线3
总航时（时）	240	252	264
总航程（海里）	4812.5	4816.5	4837.2
平均航速（节）	20.1	19.1	18.3
平均波高（米）	4.0	4.1	4.1
最高纬度（北纬）	51° 29'	52° 15'	53° 05'
主机输出功率（马力）	20250	18560	15450
燃料消耗（升/千米）	750.8	729.0	647.5

（1马力=0.7355千瓦）

同船舶东航相比，西航时在同样的边界条件下，船舶燃料消耗增加很多，航线最高纬度明显增高。其原因在于波浪和海流分布的影响。船舶东航时，航线处于中高纬度，船舶大部分时间顺浪、顺流航行，需要的船舶主机输出功率低。船舶西航时，尽管最佳航线采用了高纬度航线，以尽量避免波浪和海流的影响，但大部分时间船舶仍处于逆浪、顶流航行，要求增大主机输出功率。因此，规定船舶航行时间相同时，西航航线燃料消耗明显增加。

三、航线设计与优化

航线初始化主要是根据船舶自身条件、航行时间、初始设定航行速度以及起止港口的地理位置等数据，或利用解析法，生成一条起始港口到目的港口的大圆航线，或采用《世界大洋航路》中的对应的经典航线作为初始航线。

如果采用的是以大圆航线为初始航线的设计模式，那么在进行航线设计时，就暂时不考虑其他因素，只考虑该航次的起始港口位置和目的港口位置，利用解析法生成分段形式的大圆航线。生成大圆航线之后，基于中尺度的天气预报数据，再检查该航线可能遇到的天气情况，如果航线上有遇到大风（大于等于8级）的可能性，则认为船舶有遭遇台风的危险，需按照一定的避让原则进行避让，以确保行船安全。

如果《世界大洋航路》中有对应该航次的经典航线，则可以参照经典航线设计该航次的初始航线。系统中经典航线通过记录航点和对应航段类型的方式来记录。对于一条经典航线，系统的经典航线数据库中除了记录起点和终点港口之外，还记录了从起点港口到终点港口之间的中间航点和这些航点之间的航段类型（船舶在两个航点之间是按照恒向线航行还是按照大圆航线航行）。初始航线生成以后，同样，基于中尺度的天气预报数据，对航线上可能遇到的天气情况进行检查，如果航线上有遭遇台风的危险，则进行一定的避让。

由于气象信息具有即时性，很多气象信息无法在船舶航行前得知，而必须在航行的过程中，通过气象预报得知。比如船舶在初始设定的航线上航行时，出现诸如台风之类的恶劣天气，如果对船舶有较大危险，就要绕开危险区域航行，对初始航线进行优化设计。因此，航线的设计优化过程可以分为三部分：航行之前的初始化设计、航行过程中对突发状况的实时优化设计、航行过程中根据船舶的实时位置信息同步此后的航段。

1. 航线的实时优化

初始航线基础之上的航线实时优化主要是在船舶按照初始航线航行时，基于最新的天气状况和海面状况，针对航线上出现台风等恶劣天气或障碍物的实际情况，对航行线路的改变和新线路的设计，以达到避让危险、使航行时间最短和航行效率最优的目的。

2. 航线同步

航线同步主要是基于优化后的当前航线，结合船舶实时上报的位置信息，重新计算此后的航段中船舶可能受到的气象因素影响和预计到达时间。

选定大圆航线的起始点，确定一条基础航线。然后根据中短期天气和海况预报资料（主要是未来两周、72小时和12小时的地面图、高空图、波浪的分析及其预报图），在基础航线两侧一定范围内选择最有利的航线。综合考虑船舶经过整个航区先后将要遇到的自然环境的有关数据、船舶运动性能曲线以及装载情况、某些特殊要求等约束条件，编制成运算程序，利用计算机求出最佳航线。

现代海洋气象导航服务应具备先进的航线决策和跟踪、监测恶劣天气的业务系统。中央气象台导航中心目前已经开发了气象、航海和计算机新技术，建立了先进的全球船舶气象导航业务系统，开展了全球性气象导航服务。开发了由多台专用计算机与巨型计算机联网的、自动化程度较高的实时气象导航业务系统；研制了全球气象导航专用的电脑图形显示软件和全球气象船位监控系统，有效地监测风暴的爆发性发展；开发了全球航线计算、优选和航次评估自动化技术；完成了全球气象导航通信网建设，满足全球各海域岸上与船舶间联系要求；圆满完成全球1000多艘次船舶气象导航服务。

第六章

海难救助

——惠海泽航，人本至善

第一节 海洋灾害和海上搜救

目前，全球各类海洋灾难和事故依然不少。随着海洋运输总量的不断增加，时有出现的难以抵御的海洋自然灾害、范围不断扩展的海盗袭击、不可预测的船只碰撞、破坏力非常强的漏油污染等意外事故，都在很大程度上威胁到了海洋交通运输业的正常运转。

2011年，我国一共发生114次风暴潮、海浪和赤潮的过程，其中有44次形成灾害。各类海洋灾害（含海冰、涌潮等）造成直接经济损失达62.07亿元，死亡（含失踪）76人。

2002—2011年我国海洋灾害损失见图6-1。

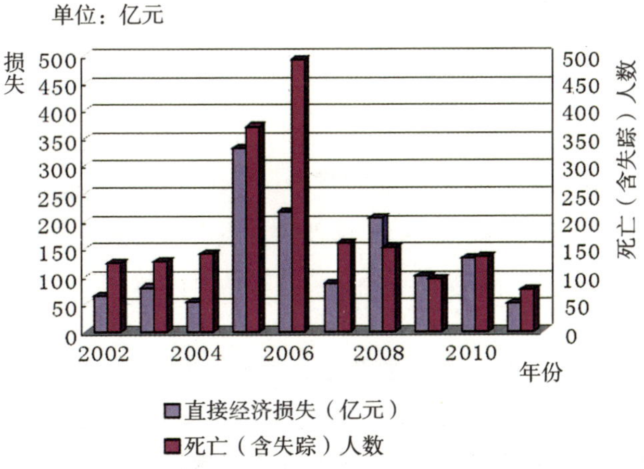

图 6-1 2002—2011 年我国海洋灾害损失
数据来源：2012年中国海洋经济统计公报

显然，对于自然灾害的发生，我们是无能为力的。但是，对于非自然灾难，我们可以注意防范，具体体现在控制、建设和保护三方面。控制是指对我国管辖海域以及敏感水域的有效控制，只有明确我国海运管辖范围，我国领海和岛屿主权才有可能不受侵犯；建设指的是国防交通建设，应急交通保障系统建设以及航道安全制度的建设；保护是指保护海洋交通运输的贸易通道，以及保障重要航线的安全。

海上搜救是指除木船外，任何海上救助力量在获得海上遇险信息后所采取的搜寻和救援行动，包含海上搜寻与海上救助两部分。

海上搜救服务是政府协调一切公共和私有资源，履行遇险监测、通信职责，确定遇险人员位置，展开搜寻工作，将其转移到安全地点的行动。海上搜救服务是国家应急救援体系的重要组成部分，也是国家经济发展的重要保障。一个国家搜救服务水平的高低，是其综合国力强弱的重要标志。

加入WTO后，我国的海上贸易量逐年增加，进出我国港口的船舶数量也随之增长，特别是一些主要的通航水域，通航密度进一步加大，海上安全保障任务随之加剧。根据当时交通部的统计资料，2001年交通救助打捞系统共组织了138艘次救助活动，救助遇险人员1534人，其中外籍人员369人，救助遇险船舶97艘，其中外籍船舶28艘；2016年,中国海上搜救中心共组织协调海上搜救行动2076次，协调飞机306架次、派出各类船艇10170艘次、飞机297架次，在我国搜救责任区成功搜救1454艘中外遇险船舶、15261名中外遇险人员，搜救成功率达96.3%。

由此可见，在搜救工作中，必须确立“以人为本”的原则，人命搜救必须优先于财产和环境搜救。海上遇险人员有获得无偿搜救的权利。当人命、环境、财产处于共同的险情之中时，或者人命搜救和环境、财产搜救发生矛盾时，人命搜救必须放在首要位置。

第二节　我国海上搜救体系

一、搜救主管部门

1973年，希腊籍货船“波罗的海克列夫”号在福建沿海海域遇险，由于当时我国并未建立相关海上搜救机构，也未配备相关搜救设施，最终该船沉没，所有船员遇难，这在国际上造成了很不好的影响。因此，我国海上搜救始于1973年，并按照国际义务成立了中国海上安全指挥部，负责海上遇险船舶和飞机的搜寻和救助。该指挥部由当时的总参谋部、海军、空军、交通部、国家海洋局、邮电部等多部门组成，沿海省、自治区、直辖市相应成立了省级海上安全指挥部。

我国是联合国安理会常任理事国和国际海事组织A类理事国，加入或接受的有关国际公约或议定书有34个。国际海事组织在第25届海安会上通过了将全球海域划分为13个搜救协调区的议程，我国处在西北太平洋搜救协调区。目前，我国对外公布的负责海域是渤海、黄海东经124° 以西、东海东经126° 以西和南海东经120° 以西、北纬12° 以北的海域。

中国海上安全指挥部是中国海上搜寻与救助的指挥机关和救助中心。下设这样一些机构：中华人民共和国港务监督，是中国政府设立的对港口、船舶实施安全监督的行政管理机关，负责接收中国沿海及邻近海域的中外船舶遇险救助报告并实际指挥；中国海难救助打捞公司，是国家开设的海上专业救助打捞部门。中国沿海港口均设有海岸电台和超高频无线电话，按照国际通信规定，昼夜值守。

现在中国海上安全指挥部改名为“中国海上搜救中心”，中华人民共和国港务监督改名为“中华人民共和国海事局”，这两个机构在搜救中的功能没有变化。而中国海难救助打捞公司被重组。为了加强海上搜救能力，2003年实行了救助与打捞分开的管理体制改革。目前机构设置为交通运输部北海、东海、南海3个救助局及交通运输部烟台、上海、广州3个打捞局，6个局均为交通运输部所属事业单位，由交通运输部救助打捞局实行统一垂直领导和管理。此外，在沿海建立了21个救助基地，设立了77个动态值班待命点，在大连、烟台、上海、厦门、珠海、湛江、三亚等地建立了海上救助飞行基地。

二、搜救主要职责

新成立的单位主要职责如下。

交通运输部救助打捞局作为救助打捞行业的主管部门，主要职责为：拟定救助打捞行业法规、政策、标准并监督实施；负责航行在我国沿海水域的国内外船舶、海上设施和遇险的国内外航空器及其他方面的人命搜救和海上消防工作。

交通运输部北海、东海、南海3个救助局负责航行在我国海域的国内外船舶、水上设施和在我国沿海水域遇险的国内外航空器及其他方面的水上人命搜救；负责以人命搜救为目的的海上消防；承担国家指定的特殊的政治、军事、救灾等抢险任务等。

交通运输部烟台、上海、广州3个打捞局的主要职责是：承担国家指定的特殊的政治、军事、救灾等抢险救助、打捞任务；负责我国海域的船舶和海上设施财产救助、沉船沉物打捞、公共水域和港口航道清障、沉船存油和难船溢油的应急清除等。

为进一步保障人命安全，2013年，全国沿海共布置专业救助、打捞船舶200余艘，专业救助航空器16架；全国海事系统所属各类船舶3000余艘；海警、海军等单位也配备了相应的海上应急力量；港口拖轮、引航艇、过往商船、渔船等社会船、艇也逐渐成为重要的搜救力量。

搜救部门还注重发挥科技的引领和支撑作用。连续两年组织开展“科学搜救年”活动，组建国家海上突发事件咨询专家组，推进船舶远程识别和跟踪系统、海上溢油漂移模型以及船舶自动识别系统（AIS）等一大批新技术、新手段的运用。通过这一系列工作的开展，我国海上应急处置水平得到有效提升。

随着我国国民经济的发展、国际航运业的复苏以及我国加入WTO，贸易的推动带动了海运业的巨大发展，我国的海船规模在数量和吨位上均有了大幅度的增加。从保障水上人命财产安全以及预控重大海难事故发生的角度出发，我国加大了投入和建设力度，搜救力量和搜救工作在逐步规范化和程序化。2006年初，国家编制和颁布了《国家海上搜救应急预案》，更从组织机构和程序上对我国的搜救工作进行了规范。

三、我国搜救工作现状

经过几十年的发展，中国救捞已成为世界上整体实力最强的专业救助力量之一，已有水面快速反应、水下潜水打捞、空中立体救助的强大能力。交通运输部管辖的专业救助力量包括3个救助局（北海救助局、东海救助局和南海救助局）、3个打捞局（烟台打捞局、上海打捞局和广州打捞局）、4个救助飞行队（北海第一救助飞行队、东海第一、第二救助飞行队、南海第一救助飞行队），其中3大救助局下设21个救助基地、13个飞行基地、85个飞行起降点，拥有202艘船舶，其中81艘专业救助船，20架救助航空器。

从2011年至今，中国海上搜救中心共组织搜救行动6660次，协调派出飞机1198架次，协调各类船艇24559艘次，在我国搜救责任区成功搜救58353名遇险人员，日均救起50人，搜救成功率达到96.76%。

特别应该指出的是，2012年救助协调的飞机架次比2002年增长了14倍，显著高于协调船舶艘次，弥补了一些传统救助设施难以克服的不足，例如近海人命快速救助，直升机由于速度快、执行任务灵活性高、不受事故海区水深限制，于是能很好地适应这种搜救环境，所以使用架次显著上升。

在缩短航渡时间方面，相关组织和人员做出了很大努力。救助船的速度属于技术因素范畴，具有一定的稳定性，且救助站点的布置数量也无法大量增加。因此短期内迅速缩短航渡时间的办法，只有提高搜救待命船舶的布置密度，即实施动态待命救助值班制度。2009年，已试行6年的动态待命救助值班制度正式施行。

动态待命救助值班制度的基本要求是：关口前移、站点加密、动态待命、随时出击。救助船舶在事故多发海域待航，省去了离泊、出港、航渡的环节，大大缩短了救助到达时间。80%以上的离岸50海里内重要干线航道和港口的救助应急到达时间不超过150分钟，比动态待命救助值班制度试行前平均缩短73分钟。2005年，从烟台开往大连的客滚船“宝华轮”失火，在附近待命点值班的救助船“北海救”几分钟后就赶到现场施救，显示了动态待命救助值班制度的优势。

四、搜救存在的主要问题

将搜救行动作为一个系统工程来看是非常必要的。海上突发事件发生地往往远离陆地，情况紧急，海况复杂，对救援时限、救援能力等提出很高的要求。

1. 搜救人员的技术训练有待进一步加强

自然条件、遇险船舶的状态和搜救供给是决定搜救是否有效的主要因素，搜救供给包括搜救半径、搜救力量的技术水平、搜救人员的技能素质、搜救单位的管理水平。在这些因素中，搜救人员的技能素质是最重要的。因为所有搜救工具都是要人来操作的。而且，海上环境条件（风、雾、能见度、冰漂移等）千变万化，出发前掌握的海况，到现场后可能看到的却不是那回事。这时搜救人员就要根据新的情况，做出应对措施。因此，对搜救人员的培训，特别是基本的海洋学知识和技术训练，是必不可少的。

2. 搜救的反应速度有待提高

搜救工作是否成功，在很大程度上决定于主管部门的行动速度。影响搜救及时性的因素包括两方面，即搜救力量（包括搜救船舶和搜救飞机）的速度和与遇险船舶的距离，其中速度属于技术因素，具有一定的稳定性；与遇险船舶之间的距离受搜救力量的布置密度影响。所以，搜救待命值班船舶的布置密度，是影响搜救效率的重要的人为可控因素。大风浪下快速有效的搜救反应，才能适应社会经济发展和人民生活质量提高的需求。

3. 管理工作有待改进协调

国家海上搜救系统是一个复杂的社会系统，横向涉及交通、公安、海洋、渔业、环保等部门和军队、武警，纵向涉及中央和各级地方政府及至港航企业。

具体来说，成员单位有交通运输部、外交部、公安部、民政部、财政部、国土资源部、工业和信息化部、农业部、国家卫计委、海关总署、国家质量监督检验检疫总局、国家安全生产监督管理总局、中国民用航空局、国家旅游局、中国气象局、国务院台办、国务院港澳办，及中国人民解放军相关单位。此外，还有省级及以下海上搜救机构。

4. 对科学搜救方法的研究力度亟待加大

纵观目前搜救力量发展的总体状况，我国对搜救力量的投入更侧重于对搜救装备的更新，强调在海难事故中的救助能力。在搜救行动中，搜寻区域和搜寻方法的选择还过多地依赖经验的指导，对行动的组织存在一定程度的盲目性，搜寻工作缺乏系统性，主要还是依靠行政命令和严防死守等措施。管理和救助的方式也还是粗放和高成本的。这一现状已经无法适应我国搜救的总体发展趋势，搜救行动需要更科学的方法指导。

5. 集约型的、科学先进的、长效的海上搜救体系还没有建立

海上搜救基础设施与装备的数量和质量，对事故的救援能力，特别是人命搜救能力还要进一步加强。虽然救助力量有了巨大的扩充，但是救助成功率

没有得到进一步的提升，说明目前的人命搜救工作遇到了瓶颈，需要科学规划和配置来解决问题。目前，我国各海事搜救辖区普遍出现这样的情况：搜救投入很多，但是投入效果不明显；一般性的港口及附近水域救助成功率很高，但是恶劣海况下救助水平没有得到明显的提升。分析搜救失败的原因，主要包括以下两方面。一是，缺乏准确航路预报，无法预测失事的船只或载体准确的移动位置。因此，从海洋学角度预报及提供准确位置，是非常必要的。它可以减少搜救工作的盲目性，更为有效地调动搜救力量，减少搜救资源的重叠和浪费，提高搜救行动有效性，为最大限度地减少人员伤亡及财产损失提供科学方法和技术支持。从运筹学的观点来看，以最少的资源和人力投入获得最大的收益，是我们研究的出发点和归宿。二是，海况恶劣，救助比较困难。

因此，利用计算机信息处理技术，建立一个海上搜救辅助系统具有极其重要的现实意义。

五、海上搜救方法的研究进展

我国目前海上搜救力量的投入主要侧重于装备的更新，而搜救应急反应速度慢，在搜救区域的确定上仍显不足。国家海洋局现有的预报系统中，关于漂流物轨迹预报以及数值预报的模型都已基本成型，但是预报精度不高；星载雷达遥感覆盖面积大，空间分辨率较高，但时间分辨率不足，难以实现连续实时海态观测。利用无人机开展海事搜救和巡航监管，在经济性、实用性、高效性方面具有不可比拟的优势，但采用微波传输技术实现现场图像实时回传时，受微波本身特性限制，直传距离难以超过100km，且利用无人机进行常态化监管及执行海事搜救任务须取得飞行许可。高频地波雷达具有作用距离远、监测范围大、实时性好等特点，利用其优势进行海上人员搜救辅助决策系统的研究与开发具有重要研究意义与实用价值。国外将高频地波雷达用于流场信息探测领域，且已经达到业务化运行程度，国内目前也有地波雷达对于海流及波浪场的较为深入的探测研究，但暂时仅应用于海上漂流物体的轨迹跟踪。

2016年王道生等在一种改进的海上搜救区域预测方法及系统中，结合现有气象环境数据、三维流场、改进AP98风压模型以及海上搜救目标漂移轨迹计算模型实现对海上搜救对象动态漂移轨迹的预测，但该发明需要收集历史气象数据建立气象数据库，并未结合高频地波雷达的实时海态数据。牟林等在2013年提出一种海上搜救目标漂移路径的预测方法，基于海面风、海流、海浪等海洋动力环境场数值预报技术，构建海上搜救预报模型预报落水人员和海上失事船舶的漂移路径。刘建等在2012年发明一种搜救终端和基于该搜救终端的水上搜救方法，利用传感器向船载基站发送求救信号，可以快速定位落水人员。魏思涵等旨在利用高频地波雷达返回的实时海态数据，建立动力学模型，模拟海上物体的漂移轨迹，并结合计算机工具，引入蒙特卡罗方法对算法进行仿真并验证其可行性，预测搜救区域，从而对海上救援行动起到辅助决策作用。

黄跃峰在《海上人命救助困难度评价》一文中，运用人工神经网络技术，通过MATLAB建立三层神经网络模型。杨仲林在《基于模糊积分的海上救助分级方法研究》一文中，运用系统工程的方法，在分析我国海上救助体系和救助案例的基础上，研究常用的海事评估分级方法；建立的海上救助分级指标体系，对于海上待救助事件有很强的针对性。周涛在《海上搜寻中目标发现概率的研究》一文中，定量分析了发现概率。发现概率是指搜寻目标在搜救人员划定的搜寻区域内的前提下，发现目标的概率。周涛修正了发现概率公式中存在的缺陷，考虑了目标运动对发现概率造成的影响，提出了基于目标漂移的发现概率模型，并程序化了发现概率的计算。肖方兵在《海上搜救决策支持系统关键技术的研究》一文中，以海上搜救仿真系统的搭建为研究目标,在深入分析我国海上搜救组织体系及其应急响应与处置程序的基础上,采用活动周期图法,提出了一种符合我国海上搜救实际情况的海上搜救系统仿真模型。利用计算机强大的计算功能辅助确定搜寻区域、分配搜救资源、制定搜寻计划,提高海上搜寻的准确性和效率。

2017年11月3日，国家重点研发计划“海洋环境安全保障”重点专项“海上搜救关键技术研究与示范”项目启动会在武汉召开，项目由中国地质大学承担，交通运输部救助打捞局、南海救助局，国家海洋局及相关科研院所、高校代表参加启动仪式。项目负责人从项目背景、总体方案、关键技术、技术指标、进度节点、中期目标、管理规范等方面汇报了项目《实施方案》。“海上搜救关键技术研究与示范”项目针对我国海上搜救业务链条中的关键技术需求，将解决海上搜救气象海况预报、漂移预测、定位搜寻、智能搜救系统集成监控以及决策支持等瓶颈性技术问题。通过项目的实施，11家项目参与单位将紧密合作，共同打造一个开放式的海上突发事件应急保障信息平台。

第三节　国外海上搜救现状

一、几个国家的搜救情况

第二次世界大战后海上运输迅速发展，由于海上搜救系统不能适应海上运输的需求，20世纪70年代的船舶交通事故数量比50年代增加了80%左右，海损率增加了20%左右。1959年政府间海事协商组织正式成立，1982年更名为国际海事组织（IMO），该组织自成立后陆续制定和修改了几十个有关海运的公约、规则和协议。与此同时，各国加强了海上安全管理工作，加大了管理和救援装备的资金投入。到20世纪70年代末期，各发达国家基本上建立了以健全的法规、全方位立体搜救监控和救助系统、先进的防污手段和快速高效的集中管理体制为特征的完善的海上搜救体系，提高了航行安全保障，使世界船舶海损事故大幅度下降。20世纪80年代末期，世界船舶的海损率降低了50%以上。

加拿大海上搜救工作由加拿大海岸警卫队负责。作为世界上最早成立的海岸警卫队之一，加拿大海岸警卫队发展到今日已经有近150年的历史，总部设在渥太华，并在全国设五个管区，工作人员达4500多名，其中高精尖人员700多名，人员培训皆由加拿大海岸警卫队学院负责。除了专业人员外，还拥有5000多人的志愿队，志愿队配备1700多条船只。加拿大海岸警卫队拥有破冰船、救生船、观测导航救护三用船、工作母船、后勤供应船、环境调查船、气垫救生船和巡逻艇等各类大小船只114艘，并配备固定翼飞机和直升机22架。

加拿大海岸警卫队发布的海员海上搜救参考手册中，详细介绍了海上人命搜救的过程与方法，对海上遇险者的生存环境有深入的研究，特别是水温和气温对于遇险者的影响，其中的风寒效应研究在一定程度上为我国相关研究“补短板”提供了借鉴。风寒效应是指强风吹袭导致的身体热量的加速流失，用等效温度来表示，而等效温度是指无风条件下具有同样冷却作用的温度。本书在研究水文气象环境对海上搜救环境的影响时，参考了风寒效应的研究。

德国的海上搜救工作主要由德国海上搜救协会负责，海洋污染和海上自然灾害事故由北方航运厅负责。德国海上搜救协会是一个民间组织，其经费

80%以上都来自于社会，工作人员1000多名，其中志愿者所占比例高达75%。总部设有3个部门：海上搜救与监督部、内部管理与监督部、对外宣传与出版部。在全国设54个搜救点和17个监控点具体实施搜救工作。

美国海岸警卫队在搜救展望中提出了：根据不同的海上搜救环境，灵活应对，利用最有效的系统，花更少的钱，冒更小的风险，挽救更多的生命。《国际航空和海上搜寻救助手册》中指出应根据搜救环境有针对性地调用搜救资源，在不太危急的情况下，应尽量使用次要的搜救力量，以增加有经验和有能力的额外搜救资源。美国海岸警卫队的《国家搜寻与救助手册》中规定，搜救任务协调中心根据遇险人员状况、遇险船舶状况、气象海况、遇险位置和船舶已采取的自救措施等相关指标，来确定遇险目标所处的状态。手册中将海上险情分为不确定阶段（uncertainty phase）、警戒阶段（alert phase）和紧急阶段（distress phase）三个等级。在评估遇险目标所处的状态时，要分析的气象海况、遇险位置是本书研究的海上搜救环境的一部分。

二、国外搜救体制优点

国外现行海上搜救体制较中国而言， 主要优点为搜救工作程序化、 搜救力量社会化、 搜救力量专业化、 组织协调合理化、人员培训规范化。本书以英美等国为例，作简要介绍。

1. 搜救工作程序化

各海上搜寻和救助协调中心（Maritime Rescue Coordination Center，简称MRCC）均配有搜救决策软件系统，从接警到终止搜救的各项行动均能得到该信息软件的支持，使得搜救行动得以有序进行。

英国对海上搜救实行扁平化管理，各MRCC或分中心不按行政区设置，而是按照地理位置设置，地方政府一般不干预搜救工作，从接警、响应、指挥到搜救终止都由MRCC统一协调。MRCC值班人员被授权处置相应的搜救行动。各搜救组织、志愿人员均能主动配合， 按程序展开搜救行动， 出色地完成任务。

2. 搜救力量社会化

英国目前90%的海上搜救工作由社会力量完成， 海上人命救助主要依靠社会组织皇家救生艇协会（Royal National Lifeboat Institution，简称RNLI）负责实施，海事和海岸警备署（Maritime Coastguard Agency，简称MCA）仅负责搜救的指挥协调。MCA租用的四艘拖轮和四架飞机以及军方提供的八架飞机承担约10%的海上搜救任务量。

英国海上险情绝大多数是小型船艇事故（主要是游艇），其海、空双重待命搜救力量为英国搜救工作提供了保证，MRCC无须过多协调其他搜救力量（如过往船舶）参加搜救行动。

澳大利亚联邦政府设立的国家搜救中心也负责协调民用组织的搜救行动，其组成多元，救助力量辐射面广，上至联邦，下至州区，涵盖军警和志愿搜救组织等社会力量。日本以海上保安厅为核心的海上搜救网络四通八达，实现了海域全覆盖。除政府力量外，广泛存在的民间力量也是日本海难应急体制的组成部分。

AMVER是美国海岸警卫队管理的一个船舶自动互助海事救助组织。该组织在世界许多海域对海上搜救公约（SAR）的发展和国际合作提供了大量帮助。该组织鼓励各国沿岸航行的商船通过选择适当的电台或通过国际海事卫星组织，将船舶动态和定期船位报告发送至纽约海岸警卫队AMVER中心。这些报告发送后，当船舶在标绘区内航行时，计算机系统便持续生成和保留它们的推算船位。参加这一组织的船舶一旦在海上遇险，便很可能得到附近船舶的迅速救助。即使在无法发出求救信号的情况下，也有希望获救。由于定期通报船位，在遇险位置不明时也可将搜索水域限定在较小的范围内，从而使救助行动更为有效。

3. 搜救力量专业化

虽然英国海上人命救助主要依靠社会力量实施，但是搜救装备和人员专业化水平都较高。

在装备方面。MCA的18个雷达站、沿海AIS地面站以及各个港口的VTS覆盖了整个英国沿海水域。MCA专用无线电19频道覆盖了150海里以内的英国水域，此外，MCA正着手开发卫星在海上搜救领域的使用，为将来引入高端搜救技术打下基础。RNLI配置了10多种全天候的海上救生艇。12架军队及MCA直升机均为搜救型大型机。皇家救生协会（Royal Life Saving Society，简称RLSS）具备专门用于悬崖救生的索具、防护设施和用于海滩救生的皮艇、皮筏甚至冲浪板。

在搜救队伍方面。虽然MCA目前仅有400名从事海上搜救的政府职员， 但却拥有足够数量的民间组织和志愿者搜救队伍。政府海事搜救人员经过专门培训和定期训练， 保证其具备各项搜救技能；志愿者队伍也由MCA或 RNLI、RLSS等民间搜救组织进行了专业化培训，培训合格后仍对其进行定期的训练和考核，以保证志愿者参加海上搜救的胜任力。

在美国，国家搜救委员会是全国搜救工作最高行政机构，由美国海岸警卫队担任主席，主要负责制定国家搜救政策，协调各种搜救机构事务。参与海上搜救任务的有：国土安全部、海事管理局、国防部、商务部、联邦通讯委员会和国家航空航天局等。

美国海岸警卫队是美国五大武装力量之一，战时由军队领导，平时由运输部领导。它是实施海上搜救的主要力量。美国海岸警卫队共有7种型号的远程、中程、短程固定翼飞机和直升机211架，其中，C-37A“湾流 V”型远程巡航固定翼飞机最大航程可达8851km，巡航速度可达850km/h。同时，美国海岸警卫队拥有2000多艘用于水上安全监管和搜救的船艇，其中包括247艘大型船舶（船长在65英尺及以上）和1850多艘小型船舶（船长在65英尺以下）。此外，2006年美国制定并且开始实施长达25年、耗费资金420亿美元，对其巡逻船和飞机进行现代化改造的“综合深水”计划，并且一直努力提高装备的速度、抗风浪性能、续航能力、指挥协同及训练质量，以保持世界先进水平。

4. 组织协调合理化

英国搜救组织结构中各参与单位的定位非常准确，相互配合默契，都被认为是搜救链中不可缺少的环节。虽然MCA、MRCC、RNLI和军队都是独立运行的机构，但在搜救中的协作性、自律性非常好，通过定期召开各种会议，相互交流情况并达成各种共识。比如 RNLI在设置救助艇基地时，一定会听取MRCC的意见；救助艇如离开基地，一定及时通报MCA、MRCC；救助艇不论何种原因离开基地超过3小时（包括修艇）， 事先一定安排好替代救助艇待命，并及时通报 MRCC。MRCC通报海上险情时，各搜救力量迅速参加搜救。

美国的搜救机构相互配合也非常缜密。

（1）救助协调中心（RCC）

救助协调中心负责组织协调在本搜救责任区内开展的搜救工作。海上搜救方面，美国海岸警卫队共设置了以下几个分中心：波士顿、诺福克、迈阿密、圣胡安、新奥尔良、克里夫兰、 阿拉米达、西雅图、火奴鲁鲁、关岛、朱诺。

（2）美国的搜救协调机构

①美国空军：负责协调除阿拉斯加之外的美国大陆对应的航空搜救责任区；

②美国太平洋司令部：负责协调阿拉斯加州对应的航空搜救责任区；

③美国海岸警卫队：负责以上区域之外的美国航空和海上搜救责任区，包括夏威夷及其他美国管辖水域。

（3）搜救任务协调员（SMC）

RCC参与搜救任务时都是通过指定的SMC来负责具体搜救工作的组织协调。SMC需要根据不断变化的外部环境，正确评估判断事件的等级，对搜救行动作出适当的调整。

（4）搜救工作流程

美国海岸警卫队将搜救工作分为了五个阶段，分别是：预警、快速反应、制定搜救计划、实施行动和行动终止。

（5）商业机构也要参与搜救

一系列商业机构如石油公司、渔业公司、航空俱乐部等，会志愿参与到搜救工作中。

（6）私人机构

一些私人性的组织或机构也是搜救工作中不可忽视的力量。这些组织往往在救助协调中心的协调下开展工作。

5. 人员培训规范化

从事海上搜救的各机构都非常重视培训，为搜救参与者制定了严格的服务标准。虽然英国的搜寻和救助广泛地依靠志愿者，但无论是MCA，还是RNLI，均有比较健全的培训体系，这一点保证了志愿者具有较高的专业水平。

美国的海上搜救能力虽然居于世界的前列，但是仍然对搜救人员进行严格训练。

（1）专门教育培训

美国海岸警卫队的人才培养主要是依靠海岸警卫队学院和专门的培训机构来完成。其中，海岸警卫队学院作为一所培养海岸警卫队军官的军校，除了培养本国的海岸警卫官员，还承担着培训其他国家海上执法机构人员的任务。专门的培训机构共有六大培训中心。美国海岸警卫队学院和六大培训中心为专业海上救助力量以及其他社会志愿救助力量提供了高度实用和有效的知识教育和技能培训，极大地提高了本国专业海上救助的整体实力。

（2）志愿队伍培训

对海上搜救志愿队伍高度重视并积极推动其发展。美国如今拥有大量参加海上搜救工作的志愿者，他们来自不同的行业和领域。为了提高海上搜救志愿队伍的整体水平，美国政府无偿对志愿者及其组织进行技能培训，并且对有功劳的海上搜救人员提供物质或者精神奖励，这在一定程度上能够为海上搜救志愿者的工作带来动力，而且有利于海上搜救志愿者队伍的进一步壮大。此外，美国每年定期与加拿大举行美加海上搜救志愿者竞赛，以此来提升志愿者的搜救知识和技能。

第四节　海洋环境与搜救关系

一、水温

水温限制了搜寻的有效时间，水温越低，搜寻有效时间越短。在低温环境下，为了在较短的时间内全面覆盖搜寻区域，如果设定航线间距不变，那么就要投入更多的搜寻设施。

当落水人员处在温度较低的海水中时，对其生命最大的威胁是体温的迅速降低，因为在同等温度下，人体浸没在水中热量散失的速度是在空气中的26倍。在无隔热防护的情况下，当遇险者浸泡在温度较低的海水中时，温差会使热量迅速流失，出现体温过低的现象。体温过低，是指人体核心温度低于身体机能正常运作和正常新陈代谢所需的温度。当体温过低时，就会出现低温症，比如身体发抖、动作迟缓、局部麻痹、知觉丧失，最终导致死亡。重度或极重度的体温过低死亡率很高，全世界每年发生的海难中，80%的落水者都是在穿着救生衣的情况下被冻死的。死亡概率与水温和水中淹没时间关系如图6-2所示。

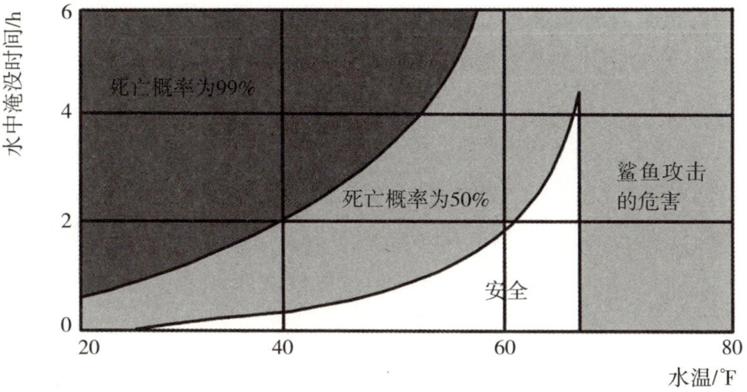

图6-2　死亡概率与水温和水中淹没时间关系（应用海洋学，1998）

由图可见，水温在40℉（4.4℃）时，人在水中只能待20分钟；水温超过60℉（15.6℃）时，人在水中可以待两小时以上。

摄氏温度（℃）=［华氏温度（°F）-32］/1.8

图6-2中的水温与死亡概率关系显得略为粗糙，因为其中没有根据落水人员的衣着、年龄、体质细化分析，因此，单次搜救行动中特定落水目标的生存时间无法准确估计。由美国海岸警卫队研发中心牵头，美国、英国、加拿大等多国专家共同进行了这个课题的研究，最后完成了四个用于预测落水人员幸存时间的模型：幸存概率辅助确定模型、基于经验的遇险者幸存模型、暴露在寒冷中的幸存模型、最大实测入水遇险者搜寻时间模型。

二、海浪

据资料统计，海上人命救助有一半以上都是发生在大风浪条件下的。在恶劣海况下救助是非常危险的：救助船舶受风、浪、流的影响，产生剧烈的横摇、纵摇、偏荡，船舶的操纵性能会恶化。虽然我国的大型救助船舶设计指标要求能在9级海况下出动，6级海况下实施有效救助，但是船载救助设备的使用，也都会受到海况和船舶稳定性的影响。

在恶劣海况下，吊篮、绑网的使用效能会大打折扣，船载救助艇在波高超过3.5米时也无法下水救助。恶劣海况导致的救助船舶剧烈颠簸和摇晃，容易造成船上设备损坏以及船边作业人员落水。为了有效地救助水中人员，救助船舶上的救助区域船舷比较低，浪容易上甲板，冲击人员设备及造成甲板湿滑或结冰，影响甲板上救助人员的行动便利。救助指挥人员（现场指挥）以及甲板救助人员在大风浪的恶劣海况下作业，容易疲劳，使搜救效率降低。所以我国海事局规定遇八级以上风，客滚船不得开航。

同样，大风浪也影响扫海宽度（航线间距）。风浪使遇险目标运动不止，使得目视敏感度降低，大风浪下空气中的飞沫影响能见度，加上波峰波谷对小遇险目标的遮蔽，共同降低了扫海宽度。扫海宽度降低，如果要保证覆盖因子不变，航线间距就会减小。大风浪中初次搜寻扫海宽度见表6–1。

表6–1　初次搜寻扫海宽度

搜寻目标	良好天气 风速不超过15节，波高不超过1米	不良天气 风速大于15节，波高大于1米
水面人员	0.1海里	0.1海里
长度不超过5米的目标	0.5海里	0.2海里
长度大于5米的目标	1.0海里	1.0海里

扫海宽度减小，为了在规定时间内完成对搜寻区域的覆盖，就必须投入更多的搜寻设施。如果搜寻设施数量不足，扫海宽度只能放大，那么发现概率就会降低。

三、目标漂移

影响海上目标漂移的因素主要有风压（leeway）、风生流（wind-driven current）、海流（sea current）、潮流（tidal current）和河流（river current）。

风压是指风作用于漂浮目标的水上部分而导致目标对水的相对运动。风生流是持久的风吹动海面而形成的流。海流是长期的大规模的海水运动，通常在大洋区域内影响才较大。潮流是指海水在引潮力作用下的周期性水平运动。在我国的长江、珠江和黄河入海口，河流也会对目标的漂移产生影响。在计算各个漂移矢量后，通过矢量加法合成，即可得出总的漂移矢量。

1. 风与风压

风，气象学特指空气在水平方向的流动。大洋上可以分为几个风带（图6–3和图6–4）：赤道到南、北纬30° 之间是东向风（北半球叫东北信风，南半球叫东南信风）；位于南、北半球的纬度35° ~60° 之间的区域，是西风带（北半球叫西南风，南半球叫西北风）；南、北半球的纬度60° 以南或以北是极地东风，它向低纬度源源不断地输送干冷空气。海上航行要注意有效利用风的助航作用。

但是印度洋比较特殊：赤道以南，风向和太平洋相似，赤道以北，冬季盛行东北风，夏季盛行西南风。

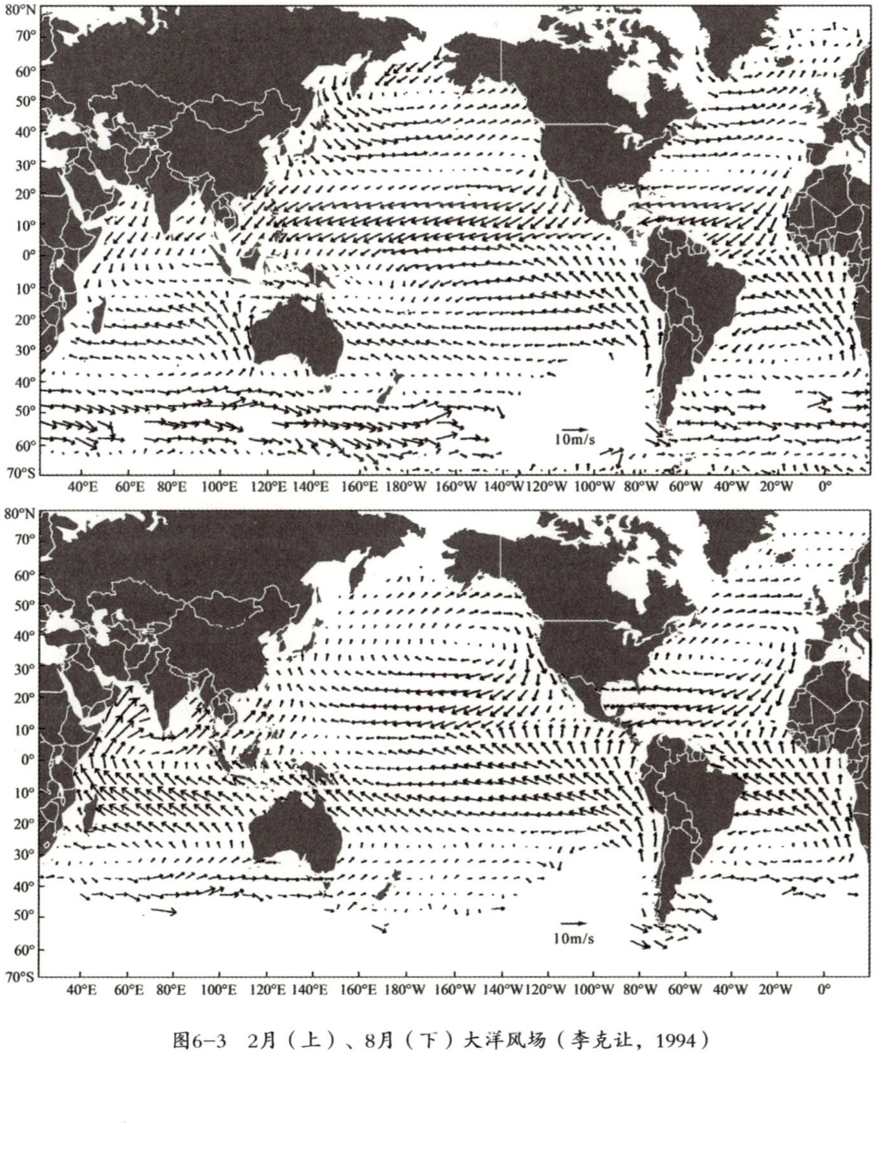

图6-3　2月（上）、8月（下）大洋风场（李克让，1994）

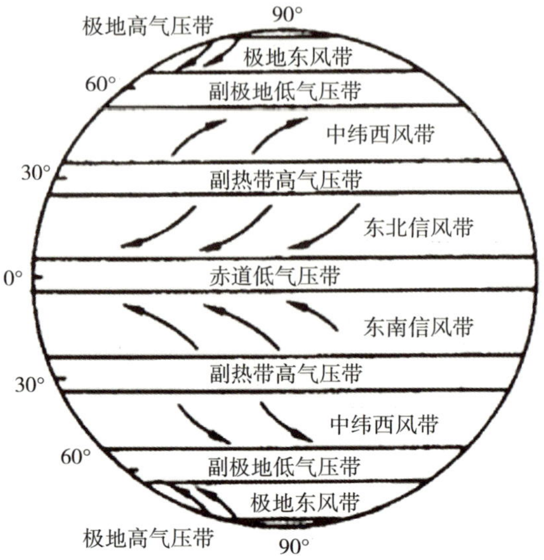

图6-4　大洋上的风

风压就是垂直于气流方向的平面所受到的风的压力。风压作用于在漂浮物暴露于水面上的部分，促使其沿着下风方向漂移。

风作用于在漂浮物暴露于水面上的部分，促使其沿着下风向漂移，风中航迹线与航向线之间的夹角称为风压差。风压差的大小与漂浮物水上和水下的形状有关（图6–5）。海上搜寻基点的确定要考虑遇险目标的漂移。研究表

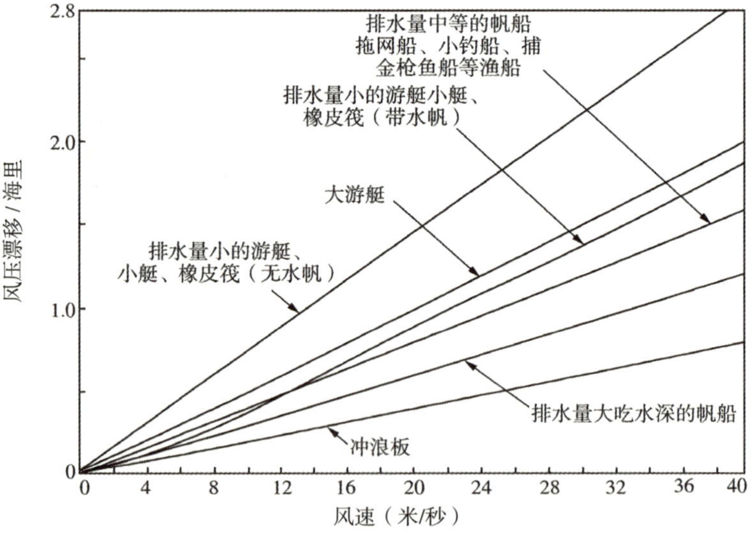

图6–5　不同搜索目标的风压漂移与风速的关系

明，满载人员的气胀式救生艇，按无海流计算，在6级风的情况下，风压驱动遇险物的漂移速度可以达到2千米/时以上。

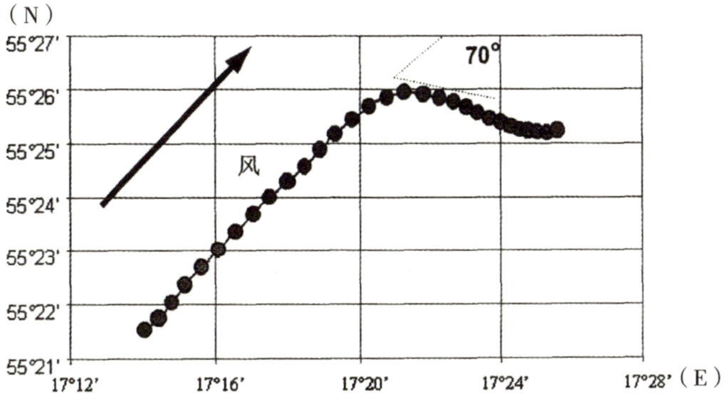

图6-6　救生筏在持续风作用下的漂移轨迹（王博研，2016）

试验发现，在风压漂移中，由于漂移物暴露于风场中的性状的不规则，漂移物体的风压漂移轨迹并不完全是沿着下风的方向。波兰海事大学曾经对救生筏的漂移做过试验，在稳定蒲氏级风的持续作用下，救生筏的位移方向并未严格地在下风的方向，其与风向最大的偏差竟然达到了惊人的70°（图6-6）。

在过去的研究中，一般海面风场所取的是海平面以上10米的风场数据，海面的风速与水上漂移物的风压漂移速度基本上是线性关系。丹麦Breivik等人曾经对载4~6人的海上救生筏的风压漂移速度与风速的关系做过相关试验，印证了此线性关系，并发现使用浮锚、海锚或者压载可以降低风压的影响，如图6-7所示。

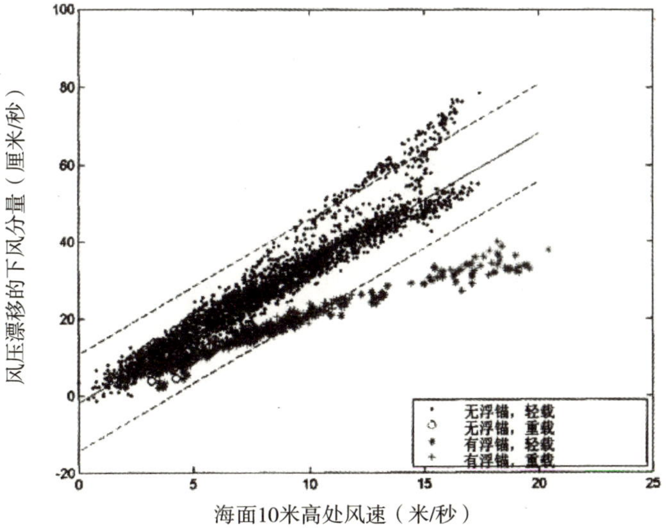

图6-7　海面10米高处风速与目标物漂移速度的线性关系（王博研，2016）

2. **海流**

海流即大范围海水的定向流动。海水表层的海流是搜救计划主要考虑的因素。目前我国对外公布的负责海域是渤海、黄海东经124° 以西、东海东经126° 以西和南海东经120° 以西、北纬12° 以北的海域。在这些海域中，除黑潮外，其他海域的表层海流流速都较低，一般不超过10厘米/秒，其性质是季节性风海流。而黑潮区表层流速可以超过100厘米/秒。在北太平洋西部海域，有一股强劲的海流犹如一条巨大的江河，从南向北，滚滚向前，昼夜不息地流淌着，它的流速为3~10千米/时，这就是黑潮（图6–7）。黑潮在台湾东部宽约100千米，流速超过1米/秒；到达东海外侧后，流幅变宽，流速小于0.8米/秒；到日本南岸后，流幅再次变窄，流速加强。

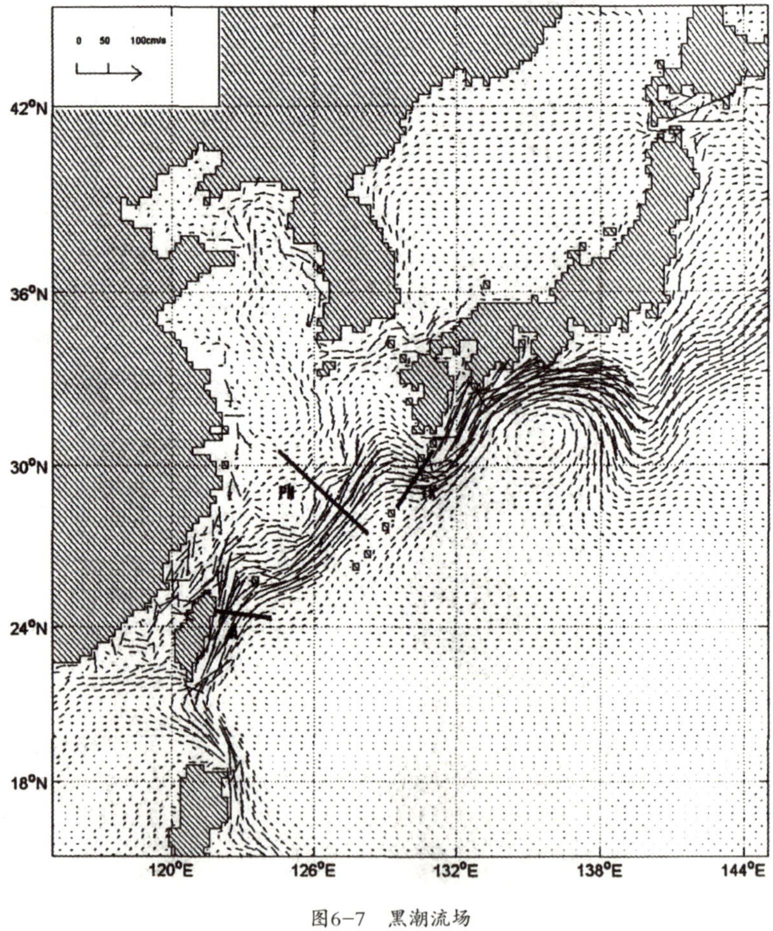

图6–7　黑潮流场

3. 潮流

由天体引力产生的周期性海流称为潮流，它对漂移的影响在近岸或者浅水区是非常明显的，在大洋区则较弱。

图6–8是青岛港高潮前3小时黄海潮流场：在青岛港高潮前3小时，从海州湾北部岚山头向北到成山头以东水域（黑色标示水域），都是涨潮，其潮位高度皆为正值，具体数字可由以实线标出的等值线读出；这个水域向北的北黄海水域，潮位都为负值，属于落潮阶段；这个水域南部潮位也为负值，也为落潮阶段。图中带有箭头的线段表示潮流的流速。

图6–9是青岛港高潮后3小时黄海潮流场。海水流动情况与高潮前3小时正好相反。我们只能给出这两个典型时刻的流场，如果给出每小时的流场，将能看出更多潮流流动的规律：最大潮流速度（大于2米/秒）位于朝鲜半岛沿岸和渤海海峡之间。以青岛港作为参照，只能看出青岛及其附近潮流流动规律。

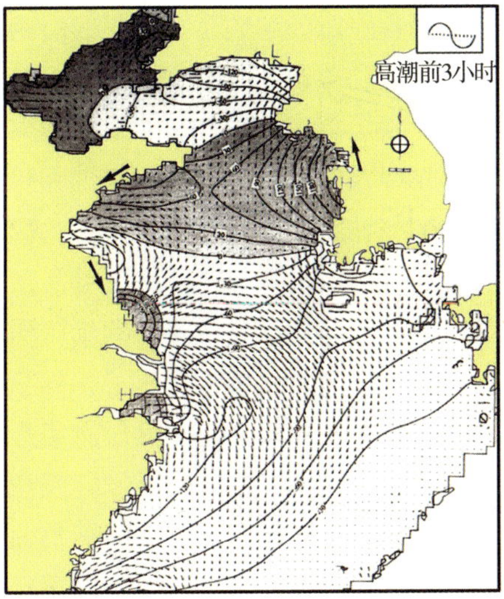

图6–8　青岛港高潮前3小时黄海潮流场

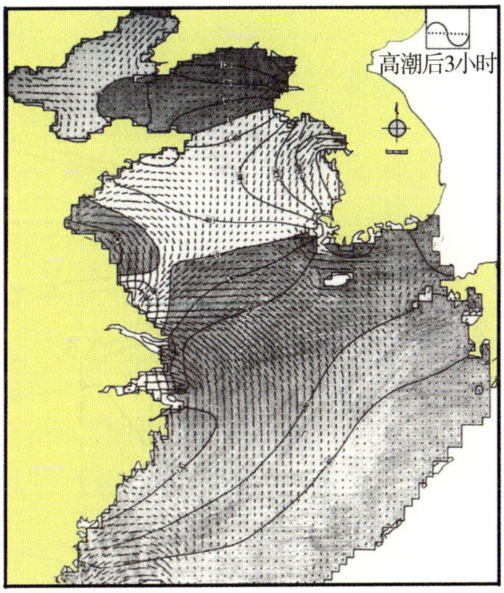

图6–9　青岛港高潮后3小时黄海潮流场

4. 河流

在落水人员接近大河口，或者是人员在大河口落水时，才考虑河流对漂移模型的影响。王福谦曾对“物体做漂流运动的速度特征”进行了比较详细的研究，在他的研究结论中，物体在河水中漂流所受水的作用力以压差阻力为主，物体做漂流运动的最终速度可用以下公式表示：

$$V = V_0 + \sqrt{\frac{mg\sin\theta}{B}}$$

其中V是物体稳定后的最终速度，V_0是水流速度，θ是河水的平面倾角，$B=C_D\rho S/2$是一作用力系数，C_D是阻力系数。

5. 风生流

风生流，顾名思义就是由风力的推波助澜而产生的海水流动。它随着风场的变化时急时缓，或曲或折地流动。当然，海水摩擦、底部摩擦以及科氏力作用，刻画了风生流不同于风场的特征。风生流主要是由风持续作用在水面上而形成的，一般而言，同一风向的持续风力作用在同一海域6~12小时就可以形成风生流。关于风生流与持续风力的关系，有一部分经验公式可以利用。理论研究表明：在外海深水中海面漂浮物运动方向是在风去向的右侧45°，并且随着深度增加，流向逐渐右偏（图6–10）。

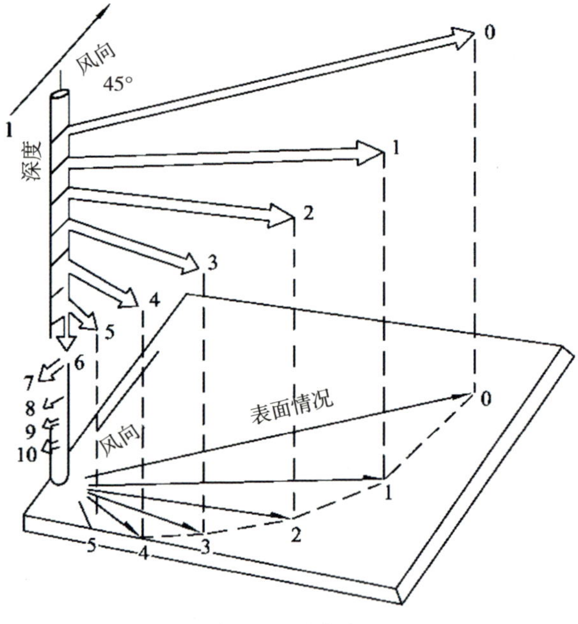

图6–10　风生流

《国际航空和海上搜寻救助手册》第二卷曾经以图表的形式对风生流的大小和方向进行了估计，并指出风生流的方向与该水域所处的纬度有关：在北纬

10° 以北的区域，风生流的流向为下风向右侧约30°；在南纬10° 以南的区域，风生流的流向为下风向左侧约30°；南北纬度10° 以内，风生流与风向一致。然而试验发现，风生流的流向和流速与此表的拟合度并不高。以北半球为例，当风速过小时，风生流的流向并不稳定。随着风速的增大，风生流逐渐倾向于下风向，如图6–11所示。

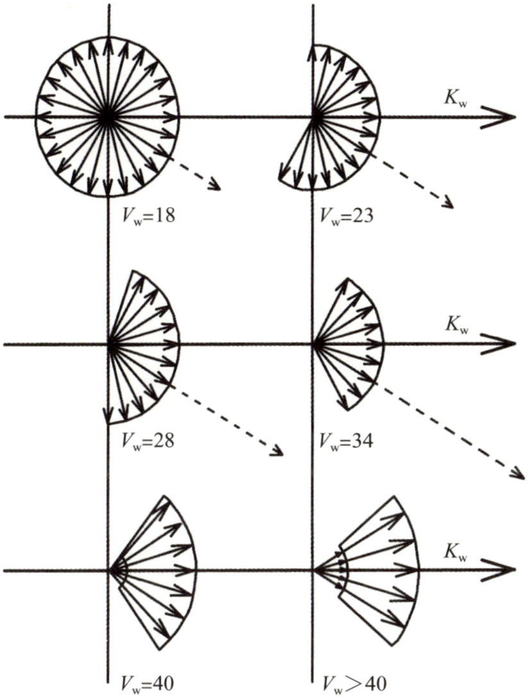

图6–11　风生流在不同风速（单位：节）下的方向示意图（欧阳，2008）

图6–11中，K_w是风向，V_w是风速，虚线带有箭头的是目标物漂移方向。由图中可以看出，在风速$V_w \leq 34$节（约17米/秒）时，目标物漂移方向在风向右侧30°；$V_w \geq 40$节（约20米/秒）时，目标物漂移方向与风向一致。

四、能见度

能见，就是能将目标物的轮廓从它所在的天空背景上分辨出来。有时虽然目标物的某些细节，甚至部分轮廓难以清楚辨认，但仍要算作能见。只有当目标物与天空背景完全融合，连其大概情况都看不出来时，才能算作不能见。能见度，通常是指人的正常视力在当时天气条件下所能见到的最大水平距离。有效能见度是指周围一半以上视野里都能见到的最大水平距离。

1. 能见度观测

当舰船在海岸附近时，首先应借助视野内的可以从海图上量出或用雷达测量出距离的单独目标物（如山脉、海角、灯塔等），估计向岸方面的能见度

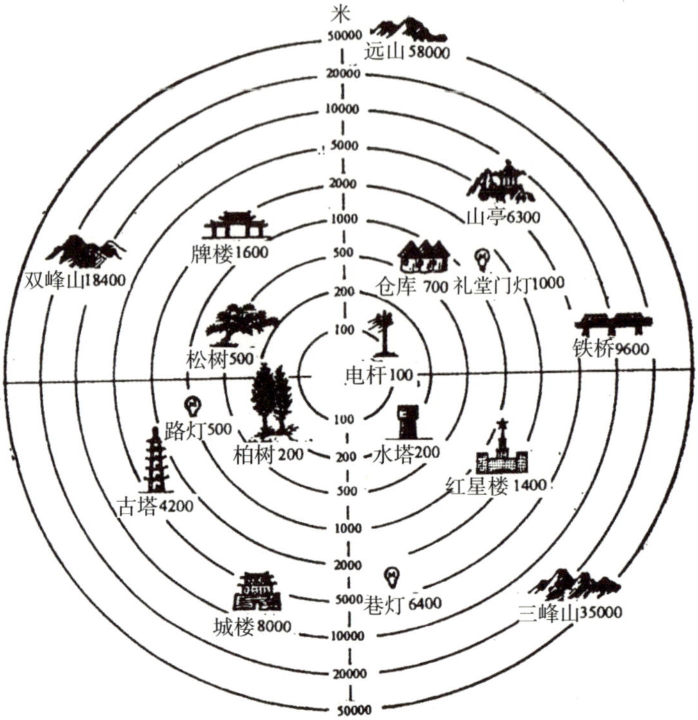

图6-12　沿岸/陆地上可选用的目标物

（图6–12）。然后以水平线的清晰程度，进行向海方面的能见度估计。

当舰船在开阔海区时，主要是根据水平线的清晰程度，参照表6–2进行能见度等级估计。当水平线完全看不清楚时，则按经验进行估计。

表6–2　海面能见度参照表

单位：千米

海天水平线清晰程度	眼高出海面不超过7米	眼高出海面大于7米
十分清晰	＞50.0	—
清晰	20.0~50.0	＞50.0
比较清晰	10.0~20.0	20.0~50.0
隐约可辨	4.0~10.0	10.0~20.0
完全看不清	＜4.0	＜10.0

①观测员站在能看清岸上目标物的高处，用目力找出最远可见的目标物。

②从海图上量出或用雷达测量出船与目标物之间的距离，换算为能见度等级；目标物的颜色、细微部分清晰可辨时，能见度定为该目标物距离的

5倍以上；目标物的颜色、细微部分隐约可辨时，能见度定为该目标物距离的2~2.5倍；目标物的颜色、细微部分很难可辨时，能见度定为大于该目标物的距离，但不应超过该目标物距离的2.5倍。

夜间，在月光较明亮的情况下，如能隐约地分辨出较大的目标物的轮廓，能见度定为该目标物的距离；如能清楚地分辨出较大的目标物的轮廓，能见度定为大于该目标物的距离；在无目标物或无月光的情况下，一般可根据天黑前的能见度情况及天气演变进行能见度估计。

2. 不良能见度

国际海上避碰规则中，能见度不良是指任何由雾、霾、雨雪、沙暴或任何其他类似原因而使能见度受到限制的情况（表6–3）。通常情况下，影响海上能见度的主要是雾和暴风雨。海雾根据形成原理可以分为平流蒸腾雾和平流冷却雾。我国沿海存在几处较为集中的雾航事故多发区，从北向南依次是老铁山水道、成山头水域、长江口水域、台湾海峡和珠江口海域，年均雾日30~90天不等，6—7月雾情最重。由于以上海域多是航线集结点，通航密度大，所以因能见度不良造成的船舶碰撞事故较多。暴风雨对能见度的影响是大风造成的海上飞沫和大量雨滴对光线传播的阻隔。能见度对于海上人命救助的影响主要体现在影响救助力量抵达时间、影响发现概率。

表6–3　不同能见度下搜救船扫海宽度

单位：海里

搜救目标	扫海宽度				
	能见度=3	能见度=5	能见度=10	能见度=15	能见度=20
落水人员	0.4	0.5	0.6	0.7	0.7
4人救生筏	2.3	3.2	4.2	4.9	5.5
6人救生筏	2.6	3.6	5.0	6.2	6.9
15人救生筏	2.6	4.0	5.1	6.4	7.3
25人救生筏	2.7	4.2	5.2	6.5	7.5
小于5米的船	1.1	1.4	1.9	2.1	2.3
7米的船	2.0	2.9	4.3	5.2	2.8
12米的船	2.8	4.5	7.6	9.4	11.6
24米的船	3.2	5.6	10.7	14.7	18.1

救助船艇在能见度不良时航行，为避免发生碰撞事故，要采取安全航速，这就会延迟抵达遇险现场，待命点离事故现场越远，延迟时间越久。

对救助直升机的影响。在能见度不良导致无法目视地面的情况下，飞行员会对飞行态势感知困难，只能依靠仪表飞行。直升机飞行遇到雾区时，或者通过改变高度或航线脱离雾区，或者返场，两种措施都会延迟或终止救助直升机抵达遇险现场。

五、漂移目标自身因素

漂移目标的漂移轨迹，除了与当地的自然环境和海况有关以外，也受其自身特性的很大影响。

1. 浸没比例

Daniel等曾经在对集装箱漂移轨迹的预测研究中，发现此类规则物体的漂移速度与其浸没比例存在一定关系，如图6–13所示。由图中可以看出：当目标物浸没比例只有10%时，漂移速度为风速的10%，随着浸没比例增加，漂移速度迅速下降。当目标物全部浸没时，漂移速度消失。当然，这个研究是有局限性的，它只考虑了风的推动（风压），未计算风海流。

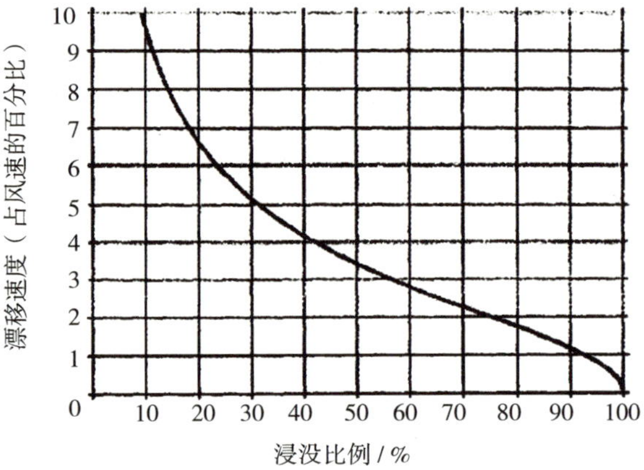

图6–13　漂移速度与浸没比例间关系示意图（王博研，2016）

2. 船舶类型和载重情况

当然，漂浮物尤其是救生筏等自身的压载状态也对漂移轨迹存在一定影响。一般来说，重载时漂浮物的漂移速度减缓，轻载时漂移速度较快。由于轻载、重载对漂移速度的影响近似于线性，所以在建模时简单地调整一拖曳系数即可很好地拟合。综合以上船舶自身的因素，估算方法如表6–4所示，风压差图则如图6–14所示。

表6–4 船舶风压估算表

船舶类型	风压（占风速的百分比）
救生筏	根据风压图进行估算
冲浪板	2
大排水量、深吃水的在航船舶	3
中排水量帆船、渔船、金枪鱼船等	4
大游艇	5
轻排水量游艇、外装机器小艇等	6
货船（其中*A*、*B*分别为水上、水下面积，空船*A*/*B*约为2，满载*A*/*B*约为1.3）	$6.8\sqrt{\frac{A}{B}}$

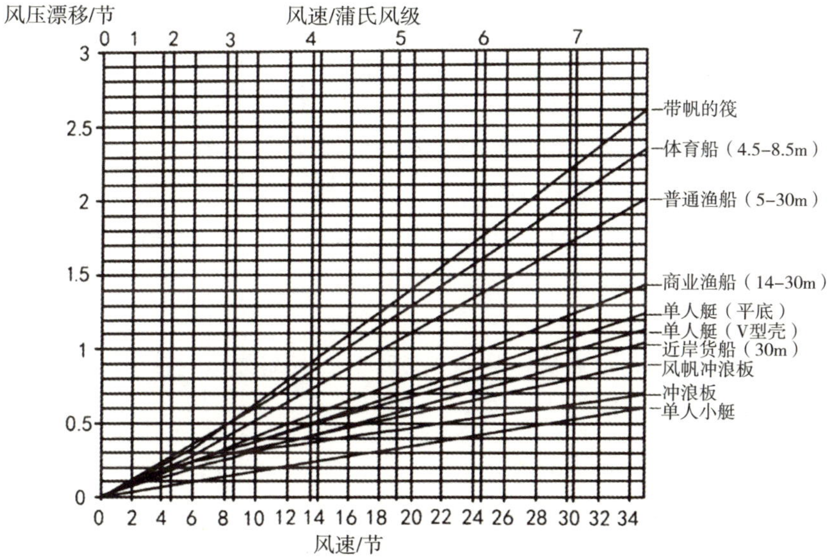

图6−14 风压差图

六、漂浮物在海面的漂移速度与风、流以及浸没比例间的关系

在以往的漂移预测中，推算漂浮物在某位置的速度一般使用以下公式：

$$V_o = V_{water} + \alpha V_{wind}$$

其中α为风因子，一般取值范围为0.01~0.05，该公式主要来自经验，风因子的取值不同将极大地影响漂移预测。

通过对海面自由漂浮物的受力分析（受风、流、波的作用），我们得到如下受力公式：

$$m\frac{\mathrm{d}\boldsymbol{V}_\mathrm{o}}{\mathrm{d}t}+m\cdot f=F_\mathrm{wind}+F_\mathrm{c}+F_\mathrm{wave} \quad (6.4\text{-}1)$$

其中$m\cdot f$为科氏力，m是运动物体质量，Philippe Craneguy在其研究中将各个力的大小用以下公式表示：

风的拖曳力：$$F_\mathrm{wind}=\frac{1}{2}\rho_\mathrm{a}C_\mathrm{a}S_\mathrm{a}\left|V_\mathrm{wind}-V_\mathrm{o}\right|(V_\mathrm{wind}-V_\mathrm{o}) \quad (6.4\text{-}2)$$

水的拖曳力：$$F_\mathrm{c}=\frac{1}{2}\rho_\mathrm{w}C_\mathrm{w}S_\mathrm{w}\left|V_\mathrm{c}-V_\mathrm{o}\right|(V_\mathrm{c}-V_\mathrm{o}) \quad (6.4\text{-}3)$$

波浪的辐射力：$$F_\mathrm{wave}=\frac{1}{2}\rho_\mathrm{w}gC_\mathrm{iw}LA^2 \quad (6.4\text{-}4)$$

其中ρ_a、ρ_w为空气、海水的密度，S_a、S_w为目标暴露于水面以上、浸没于水面下的面积，C_a、C_w为空气、水流的拖曳力系数，C_iw为入射波的反射系数，A为海浪波长，L为目标尺度，g为重力加速度。

假设漂浮物在海上任意时刻都处于平衡状态，即在任意点都有：

$$\frac{\mathrm{d}\boldsymbol{V}_\mathrm{o}}{\mathrm{d}t}=0$$

当落水的人员或者艇筏的体积较小时，忽略波浪的辐射力，同时忽略科氏力，那么可以得到：

$$\rho_\mathrm{a}C_\mathrm{a}S_\mathrm{a}\left|\boldsymbol{V}_\mathrm{wind}-\boldsymbol{V}_\mathrm{o}\right|(\boldsymbol{V}_\mathrm{wind}-\boldsymbol{V}_\mathrm{o})+\rho_\mathrm{w}C_\mathrm{w}S_\mathrm{w}\left|\boldsymbol{V}_\mathrm{c}-\boldsymbol{V}_\mathrm{o}\right|(\boldsymbol{V}_\mathrm{c}-\boldsymbol{V}_\mathrm{o})=0 \quad (6.4\text{-}5)$$

进而可以推论出：

$$\boldsymbol{V}_\mathrm{o}=\boldsymbol{V}_\mathrm{c}+(\boldsymbol{V}_\mathrm{wind}-\boldsymbol{V}_\mathrm{c})\sqrt{\frac{\rho_\mathrm{a}C_\mathrm{a}S_\mathrm{a}}{\rho_\mathrm{w}C_\mathrm{w}S_\mathrm{w}}}$$

Pirre Daniel等人在对海上集装箱的漂移模型研究中，对6.4–5式中作了一些改进，考虑了浸没因数I，其中

$$I=100\frac{S_\mathrm{w}}{S_\mathrm{a}+S_\mathrm{w}}$$

那么可以得到 $\rho_\mathrm{a}C_\mathrm{a}(100-I)\left|\boldsymbol{V}_\mathrm{wind}-\boldsymbol{V}_\mathrm{o}\right|(\boldsymbol{V}_\mathrm{wind}-\boldsymbol{V}_\mathrm{o})+\rho_\mathrm{w}C_\mathrm{w}I\left|\boldsymbol{V}_\mathrm{wind}-\boldsymbol{V}_\mathrm{o}\right|(\boldsymbol{V}_\mathrm{wind}-\boldsymbol{V}_\mathrm{o})=0$

当无水流作用时，并设

$C_\mathrm{a}=C_\mathrm{w}=1.0$，$r=\dfrac{\rho_\mathrm{w}}{\rho_\mathrm{a}}$

于是推出：

$$(100-I)\left|V_{\text{wind}}-V_{\text{o}}\right|(V_{\text{wind}}-V_{\text{o}})-rI\left|V_{\text{o}}\right|(-V_{\text{o}})=0$$

$$V_{\text{o}}=V_{\text{wind}}\frac{100-I-\sqrt{rI(100-I)}}{100-(1+r)I}$$

第五节　搜索区域研究

一、“最小最大”方法

1. “最小最大”计算法

在许多次实际搜索中，由于缺乏海面漂移因子的准确资料，基准点计算工作变得很麻烦。有一种用于解决这一问题的技术，叫作“最小最大”方法（minmax）。它利用每个漂移因子的最小值和最大值，计算出最小基准点和最大基准点。然后，将这两个点中间位置作为搜索基准点（图6–15）。

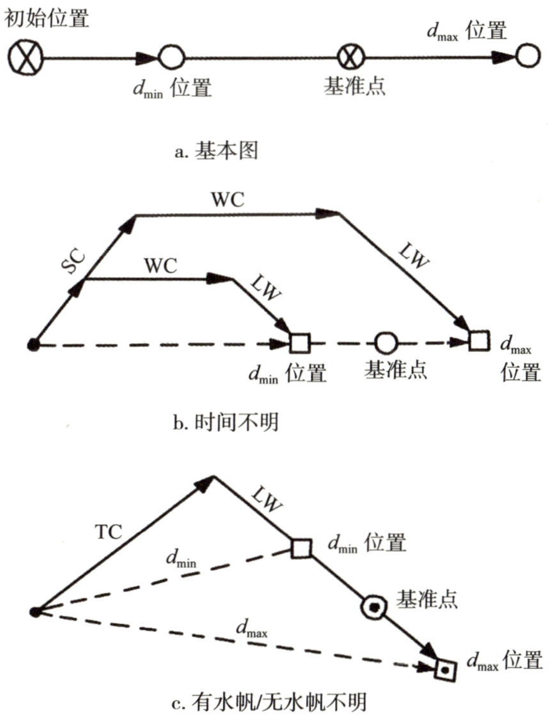

图6–15　“最小最大”计算法举例

图中最大漂移距离为d_{max}，最小漂移距离为d_{min}，SC表示海流，WC表示风生流，TC表示真航向，LW表示风压漂移。

基准点位置确定后，

就必须弄清楚基准点位置的误差。误差的大小，决定搜索区的大小。一般来说，误差越大，需要搜索的范围就越宽。制订搜索计划时，总概率误差E的三个组成部分是：总漂移误差E_d、初始位置误差X和搜索船误差Y。利用下列公式可以算出总概率误差：

$$E = \sqrt{E_d{}^2 + X^2 + Y^2}$$

E_d是各种漂移误差之和，长期从事搜救的人员从经验中发现：漂移误差的理想近似值是总漂移的1/8。X是目标初始位置误差，它是根据遇险船只导航精度计算值推导的。Y是搜索船导致的误差，是根据搜索船只导航精度计算值推导的。

采用“最小最大”计算法时，可以用图示法或代数法求出漂移误差。

2. “最小最大”图示法

先用8去除最小漂移d_{min}和最大漂移d_{max}；继之以最小漂移d_{min}位置和最大漂移d_{max}位置为圆心，分别以$d_{min}/8$和$d_{max}/8$为半径画圆；再以漂移计算中“最小最大”漂移误差$d_{e,\,minmax}$为半径画第三个圆，具体做法如图6-16所示。

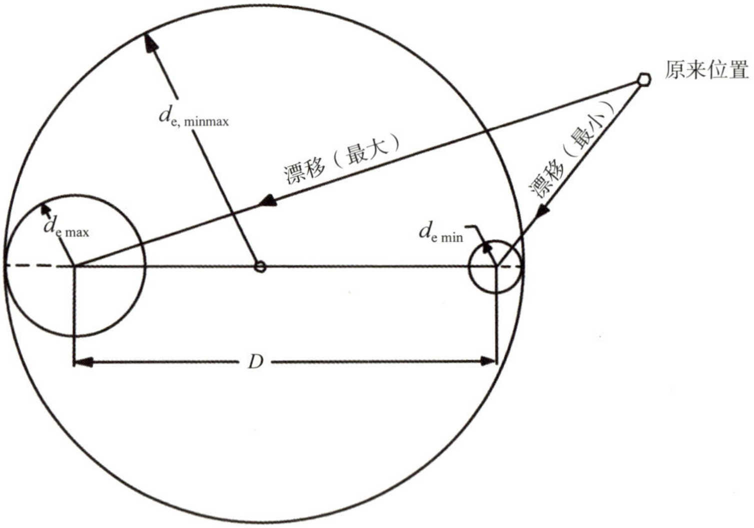

图6-16　用于计算“最小最大”漂移误差$d_{e,\,minmax}$

3. “最小最大”代数法

在海图上标出最小漂移位置和最大漂移位置，然后量出两位置之间距离D。用下面公式计算漂移误差：

$$d_{e,\min\max}=\frac{D+d_{e,\min}+d_{e,\max}}{2}$$

$$d_{e,\max}=d_{\max}/8,\quad d_{e,\min}=d_{\min}/8$$

例如，一艘渔船捕捞一天后并未按时回港。据同行渔船船员回忆，8小时之前，曾在某某石油平台附近看到这艘渔船。由此搜救人员判断，小船可能在这8小时之内的某一时刻出现故障。根据小船可能出现故障的最晚时刻，计算出最小漂移为30千米；另外，根据小船可能出现故障的最早时刻，计算出最大漂移为86千米。因此，基准点位置的“最小最大”漂移误差为：

$$d_{e,\min\max}=\frac{56+\frac{30}{8}+\frac{86}{8}}{2}=35.25\text{（千米）}$$

式中，56 千米是最大漂移位置与最小漂移位置之间的距离D。

二、确定搜索区域

确定基准点位置和总搜索误差之后，必须确定搜索范围。如以基准点为圆心，以总概率误差E为半径画圆，那么搜索目标在圆内的概率为50%。如果要使目标在圆内的概率大于50%，搜索半径就必须在总概率误差上再加一个长度。加上之后，该圆的半径称为搜索半径R，它是总概率误差与搜索安全系数f_s的乘积。

$$R=E\times f_s$$

式中f_s：第一次搜索时为1.1，第二次搜索时为1.6，第三次搜索时为2.0，第四次搜索时为2.3，第五次搜索时为2.5。详见图6–17。

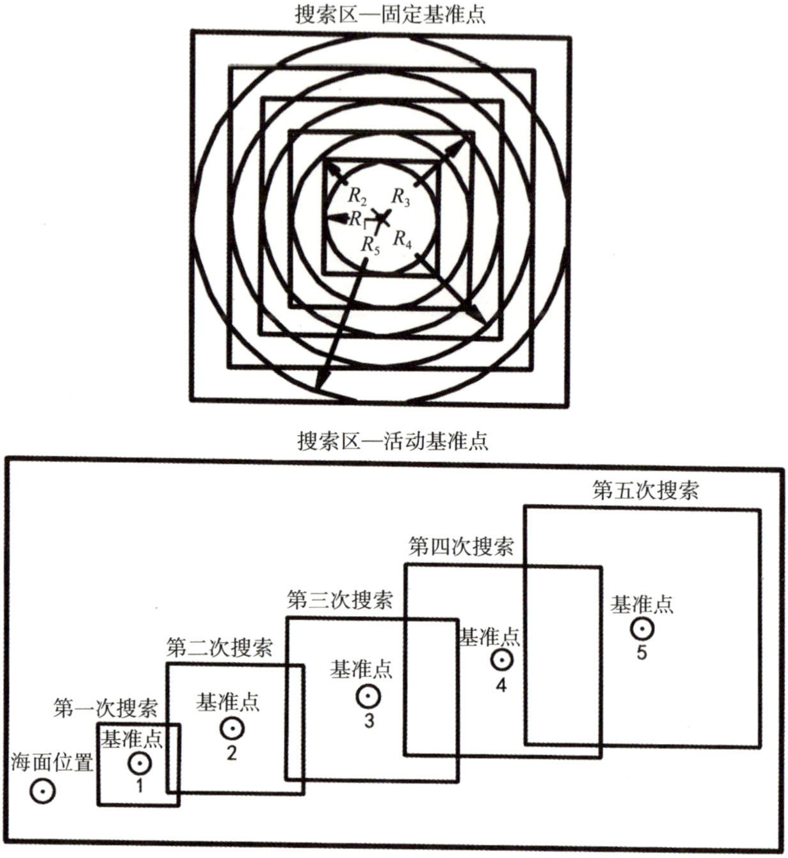

图6-17　固定基准点与活动基准点搜索区计算（应用海洋学，1998）

三、搜索图形的选择

确定搜索区位置和范围后，要根据基准点的准确度、搜索区面积、导航准确度、天气和海况、目标大小及幸存者可能携带的信号设备的种类等，选择适当的搜索图形。选择搜索图形时，还要考虑参加搜索的船舶（或飞机）的种类和数量。确定搜索图形的目的是尽快找到幸存者。为此，要根据幸存者所携带的无线电设备或其他信号设备情况，采用适当的搜索路线。

1. 航线搜索

对在预定航线失踪的船只或飞机进行搜索时，可采用航线搜索（图6–18a）。

2. 单机平行航线搜索

当搜索区较大而且只知道搜索对象的大体位置，要对搜索区进行均匀搜索时，采用这种方式（图6–18b）。

3. 单机扇形搜索

如果知道搜索对象的准确位置，搜索区又不大，可以采用单机扇形搜索法（图6–18c）。单机扇形搜索犹如车轮的辐条，覆盖着一片圆形搜索区。同航线搜索、单机平行航线搜索相比，单机扇形搜索不仅容易实施和便于导航，而且更有效。

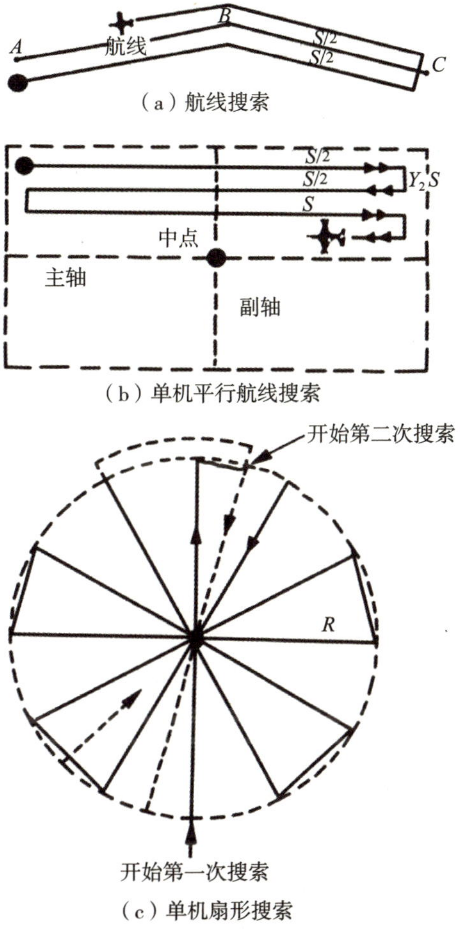

图6–18　三种常用海洋搜索图形（S是航线间隔）

四、发现目标

能否发现搜索目标，取决于航线间隔S、瞬时发现概率P_i、搜索宽度W和覆盖率C。

1. 航线间隔

航线间隔S，是指相邻两条搜索线之间的距离。它可以是几架搜索飞机（或船）同时搜索的航线间隔，也可以是单机（或船）连续搜索前后航线之间的间隔。搜索航线之间间隔越小，发现目标的机会就越大。但是若搜索飞机（或船）的数量不变，搜索航线越密，费时就越多，这样幸存者的幸存机会就越低。因此，在投入力所能及的力量的情况下和救生允许的时间内，最大可能地发现目标，是我们确定最佳航线间隔的原则。

2. 瞬时发现概率

瞬时发现概率（P_i），是指参加搜索的飞机或船只上瞭望人员或监测仪器每搜索一次，发现目标的机会大小。一般来说，在水平方向，离搜索飞机最近处，瞬时发现概率最高。随着距离增加，瞬时发现概率下降（图6-19）。

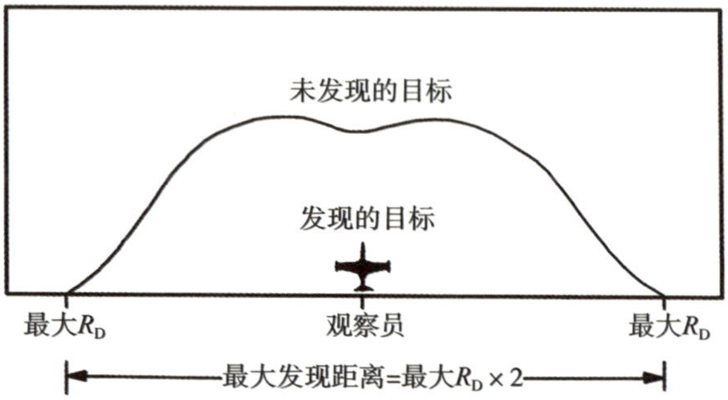

图6-19　瞬时发现概率（P_i）同观察员目力之间关系

3. 搜索宽度

搜索宽度W，与目标特性、天气条件和搜索设备有关。由于现场条件限制，搜索宽度小于搜索最大发现跨距。在搜索宽度内发现搜索目标的概率为50%。

4. 覆盖率

覆盖率C，可以用式子$C=W/S$表示。W是搜索宽度，S为搜索航线间隔。图6-20给出两种不同搜索方式：C=1.0和C=0.5。覆盖率越高，搜索就越彻底。

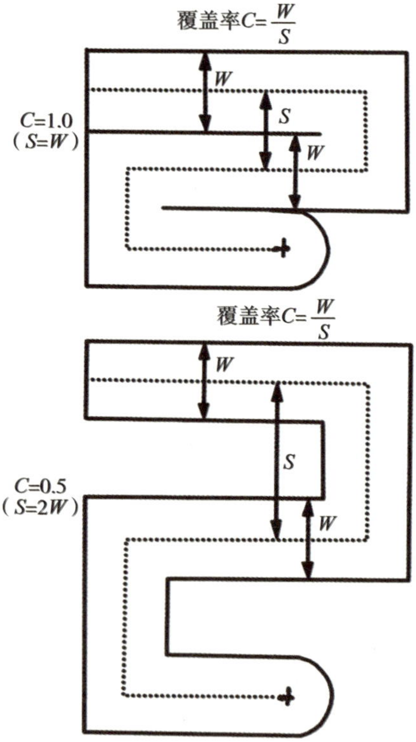

图6-20　两种搜索方式（C = 1.0和C = 0.5）

覆盖率与发现概率之间关系可以由图6-21看出。现举一个例子说明，假定搜索组织者将W定为3千米，第一次搜索时发现概率P定为78%，根据图6-21，用C=1.0，那么要使发现概率P

为78%，航线间隔就要选3千米。如果参加搜索的飞机无法按这种航线间隔飞行，就只能采用4千米间隔，那么实际覆盖率$C=W/S=0.75$，这时发现概率则变为65%。

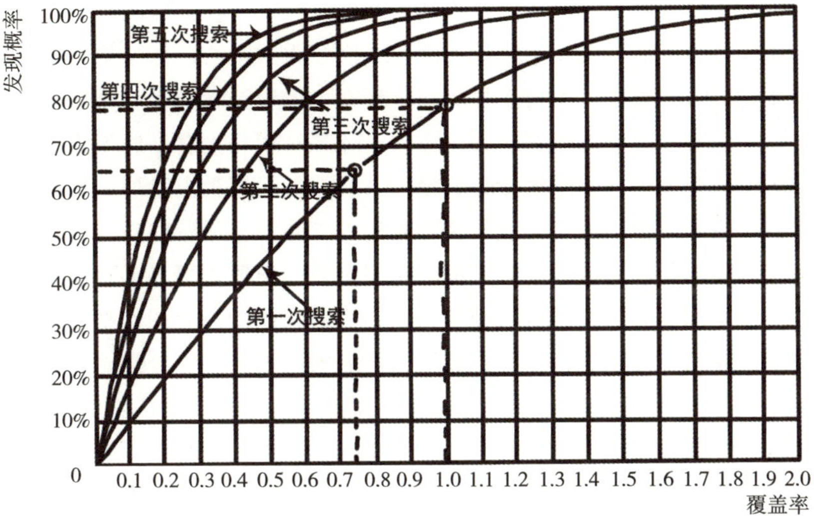

图6-21 发现概率与覆盖率之间关系曲线（应用海洋学，1998）

第六节 以人为本，人体漂流模拟

随着社会的发展和科技的进步，一切社会活动以人为本的理念越来越为人们所关注。模拟人的研究就是以人为本的例子之一。

海难事故的特点决定了事故的不可再现性，在海上搜救中，如果搜救部门或搜救船舶能够通过现有的通信设备掌握落水人员的漂移动态，掌控搜救范围，那么在实施具体搜救的过程中就可以大大提高搜救效率。但在现实的搜救工作中，出于雷达显示分辨率有限等原因，落水人员无法在雷达上实时显示，搜救部门往往只能根据失事海域当时的风、流、潮汐，依据多年的搜救经验估计落水人员的大体搜索范围，但这样预估的搜索范围误差往往比较大，浪费许多人力、物力资源，其效果还不大理想。

一、搜救落水者的解析法

近年来在对海面漂浮人员概略位置的预测研究中，解析方法得到了较为广泛的应用。解析法的基本原理是将漂浮人员存在的概略区域看成以基准点为中心的一个几何区域，一般为圆或椭圆。基准点根据所在区域的风、流变化而移动，其轨迹表现为一条关于时间的曲线或折线。搜救协调部门预测了基准点一条或几条可能的轨迹，而对人员漂移过程中不确定因素导致的轨迹偏差，只能通过扩大概率圆或椭圆的方法进行弥补。随着时间的推移，概率圆会变得过大。现实中依照此种方法配置搜救力量，将有大量的搜救力量被用于对包含概率极小的区域的搜索，浪费搜救的资源和时机。此外，随着搜救行动的进行、概率区间的更新，前后搜救区域又可能出现重叠，导致对部分区域进行了不必要的重复搜索。总的看来，这种搜救大都是根据以往的经验和推测，并没有确切的数据、理论作根本的指导，必然带有很大的主观性、盲目性。

有的文章建议，当前急需建立一个基础数据库，收集真实的海上人员落水后的运动姿态以及漂流轨迹数据；存储、研究海难发生时船上人员落水后的漂流动态以及漂流轨迹，用更为全面的经验统计方法，揭示其内在规律。

二、对模拟人漂流直接进行观测

欧美国家从20世纪40年代就开始了对模拟人的研究，具有代表性的是美国第一安全技术公司（First Technology Safety System）、荷兰Volvo公司和荷兰TNO公司。从世界上第一个模拟人Sierra Sam到目前较新型的Thor，模拟人的研究得到了不断的发展。

1. 现场假人的模拟（图6-22、6-23）

2010年，国家海洋局南海分局选择珠江口至海南岛东部陆架区，作为无动力船和落水人体漂流试验区，因为这个区域是渔船最多的区域，每年都有失事或遇险渔船等待救援。由于从事海上生产活动的大多是男性，比如从事远洋运输、海洋渔业、海上石油开采等以及海军都以男性为主，因此南海分局采取符合我国大多数男性人体特征的参数进行近似研究。

图6-22　模拟人

图6-23　模拟人在海中漂移状态

2. 拉格朗日追踪法对漂移轨迹进行模拟

海面漂移的物体在海流、风等环境因子的作用下会发生运动，位置会发生改变。假定漂移物的初始位置是S_0，经过一定的时间步长Δt后漂移到了新的位置S，此时该运动轨迹可以用下面公式表示：

$$S = S_0 + \int_{t_0}^{t_0+\Delta t} \boldsymbol{v}_t \, \mathrm{d}t + \Delta\alpha$$

$\boldsymbol{v}_t$ 是 t 时刻海水运动速度，$\Delta\alpha$是湍流引起的失事人体与计算结果的偏离。这就是拉格朗日追踪法漂移计算公式。

显然，该公式的核心就是求解$\boldsymbol{v}_t$，而$\boldsymbol{v}_t$是各个环境动力因子作用过程中所产生的分速度的矢量总和，主要由海洋表面流速和风导漂流两个分速度构成。漂移物的运动轨迹可以被分解为一系列离散的匀速运动的叠加。当到达S后就用漂移物在该位置的速度计算其在下一个时间步长的位移，依次按时间变化类推。

对模拟人的漂移预测来说，最基本的信息也是对模型影响最大的因素就是漂移现场的流的情况。在这里，流主要包括海流、潮流、湍流以及风生流，在河口附近还要考虑河流的影响。

三、南海分局模拟结果分析

1. 冬、春、夏季模拟人漂移轨迹

南海分局在粤东、粤西进行漂移试验，冬季试验时间是2011年2月17日06：00—2月19日08：00；春季试验时间是2011年4月24日06：08—4月27日08：10；夏季试验时间是2011年7月20日07：00—7月23日07：00。

在跟踪模拟人的过程中，海流数据由安装在无动力船上的ADCP测得，为海面下5米的数据；风速由多参数浮标（距海面1.5米）或无动力船上的自动气象站（距海面7米）测得。数据间隔均为10分钟。图6–24、图6–25和图6–26分别为不同季节粤东、粤西模拟人在海水中的漂移轨迹。

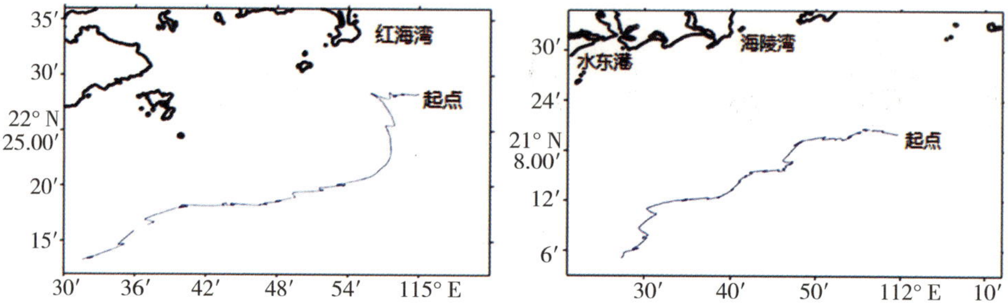

图6–24　冬季粤东、粤西模拟人漂移轨迹

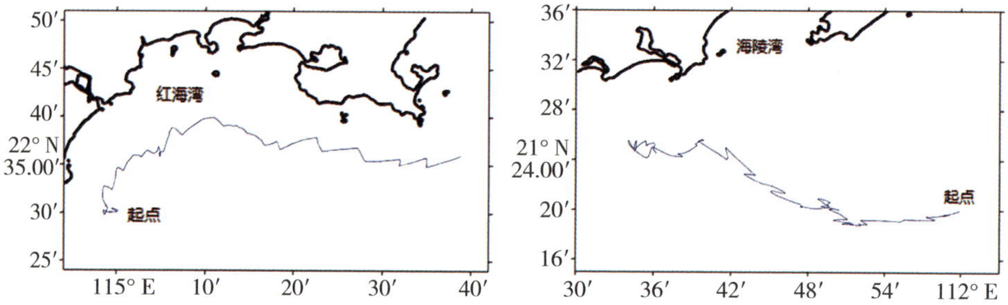

图6–25　春季粤东、粤西模拟人漂移轨迹

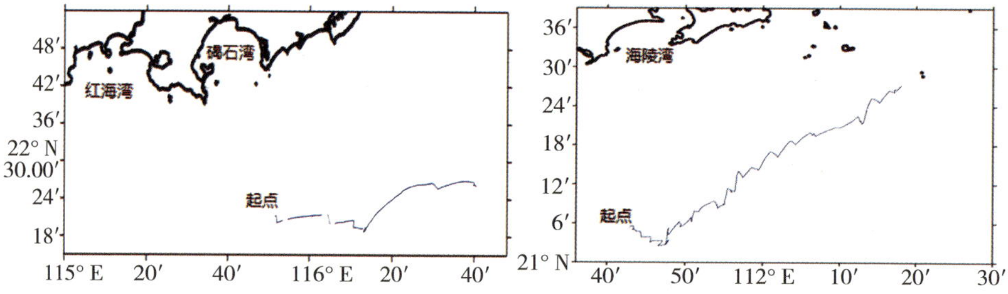

图6–26　夏季粤东、粤西模拟人漂移轨迹

从图中可以看出：

①模拟人在冬季落水之后，总的漂移方向是从东向西；春季，粤西漂移和冬季类似，粤东漂移方向则反之；夏季方向则和冬季方向相反，粤东、粤西

海域模拟人从西向东漂移。

②冬、春、夏季模拟人落水海域大致相同，但是轨迹却有很大差别。如果只告诉搜救人员向东、向西找寻落水人员，那么搜救范围必然很大，且会延迟救人时间。

③在漂移过程中，落线是曲折回旋，这是受涨落潮影响所致。

④漂移速度也有差别，这是潮流变化所致。

由此可见，在拯救落水人员过程中，仅靠经验，是非常困难的。

2. 相关工作进展

成立以国家海洋局南海分局为主，包括国家海洋局第一海洋研究所、国家海洋环境预报中心、中国海上搜救中心、中国海事局、交通运输部广州打捞局、广东省海洋与渔业厅、海南省海洋与渔业厅、广东省海洋渔业公司、海南省海洋渔业公司等在内的海上搜救应急指挥中心。

（1）中国近海高分辨率海流数值预报模式建立

海上搜救决策支持系统的研究最早始于20世纪70年代，当时计算机技术与自动化技术已逐渐普及，人们开始试图利用计算机强大的计算能力以及地理信息系统（Geography Information System，GIS）的地理环境信息表现与分析能力，减轻手动经典搜寻规划方法给搜救决策人员带来的计算与标绘负担，更好地利用逐渐精确与丰富的海洋环境与气象数据，进而提高海上搜救效率。海上搜救决策支持系统最经典的搜寻规划方法就是计算机的数值计算。南海分局技术合作者也是从这方面做起：

①南海和东海分别建立包括潮流在内的海流数值预报模型。

②推荐的模型有FVCOM、ROMS两个。

③大区域分辨率不大于12千米，小区域分辨率不大于100米。

④模型必须经过实测资料检验，速度误差不超过10%，流向误差不超过±7°。

⑤对实时风速和海流资料能够同化，不断提高模式预报精度。

⑥南海陆架之外深海区7天的高度计资料能够应用在模式中，提高预报模式精度。

⑦南海海流预报模式计算结果，必须得到高度计资料检验：特别是陆架之外的中尺度现象应该基本符合；准确度不得低于85%。

（2）不同类型海上漂流目标的风漂流速度的计算模型

①在实验室对不同船形或其他目标物进行风漂流试验。

②在开阔海面选择不同船形进行实地试验，检验室内物模结果。

（3）考虑风漂流速度、表面流速和波阻效应，建立海上漂流目标轨迹计算模型

①在高分辨率海流数值预报模式基础上，分别对南海和东海建立波流相互作用模型。

②波流相互作用模型应得到直接和间接观测结果检验。

③将目标物风漂流试验参数带入波流相互作用模型，完善综合预报模式。

④选择上述两个试验区中船只失事频率最高的区域，进行初步验证。

模拟人作为实现可视化、定量化的模拟实验工具，是替代人体的稳定受体，是作为危险和不可测条件下人体的试验替身。目前模拟人在很多方面都有很好的研究、开发、使用。当前，科学技术迅速发展，海上通信定位系统及相应的电子通信设备已逐步完善，例如船载自动识别系统AIS、定位系统GPS以及电子海图ECDIS显示系统等电子导航技术都得到了很好的开发使用，技术也已日趋成熟。另外，很多相关的技术也已经用于相关的科研及航海仪器设备中，例如温度传感器、流速传感器等。基础技术设备的成熟及推广对当前海上船舶避碰、海上搜救工作等提供了很大的便利。

模拟人的研究和发展现状，再加上海上通信定位设备的完善与普及，为研究海上搜救模拟人提供了很好的技术支持平台，也使研究、应用其科学地指导搜救工作成为可能。利用模拟人进行海上试验，用不同类型的模拟人（男/女、老/幼）在不同的水域、海况下进行反复多次测试，以此建立基础数据库，对落水人员的运动轨迹进行科学分析，揭示其运动规律，将使搜救策略由当前的粗略经验水平上升到精细科学水平，在理论上上升一个大台阶，从而最终提高搜救效率、丰富方法手段。另外，在条件允许的情况下，也可以通过搜救模拟人研究落水人员的生命环境，探索海上人员落水后的生存之道，研究改进海上人员救生保障设备。

总之，海上搜救模拟人的研究和应用，可以为海上落水人员搜救提供切合实际的理论依据，提高搜救效率。模拟人的体型数值应尽可能接近中国标准成年人的各项参数，在此基础上保证严格的生物可信度，即模拟人身高、体积、密度、外形以及各部分肢体的重量分布等要尽可能与真人相似。

（4）准确度要求

海上落水人员、漂浮小艇12小时预报位置误差小于4.6千米，路径误差小于15°；24小时预报位置误差小于10千米，路径误差小于30°；48小时预报位置误差小于20千米，路径误差小于40°。

第七节　目前的搜救系统

一、卫星系统

全球卫星搜救系统（COSPAS-SARSAT）即国际低极轨道搜救卫星系统，是1981年由美国、苏联、法国和加拿大四国联合开发的旨在全球利用卫星进行搜索和救援的信息服务系统；1年以后，以上述四国为理事的国际低极轨道搜救卫星组织（COSPAS-SARSAT）宣布成立。在此后的几十年的搜救活动中，17000多名遇险人员获得脱险。该系统重要组成部分如下（图6-27）。

图6-27　COSPAS-SARSAT系统构成图

1. 示位标

示位标的作用是当载体遇到危险时，能够发射报警信号，启动方式既可以是自动，也可以是人工发射。示位标被启动后，内部电池可以保证其连续工作48h以上。

示位标是一个独立的小型专用发射机，根据其使用的载体不同，分为3种类型，即陆用个人信标（PLB）、航空信标（ELT）及船用信标（EPIRB）。其中陆用个人信标和船用信标的工作频率是406MHz，航空信标的工作频率是121.5MHz和243MHz。406MHz的示位标可以根据登记管理部门和用户的需要预先设置载体的信息和识别字段，当示位标启动时，这些信息被示位标编码并随信号发送出去。到2009年2月1日，航空信标也统一到406MHz。

随着静止轨道搜救卫星的出现，一种新的406MHz示位标已投入使用。此种示位标由于与静止卫星协调工作，因此不可能通过检测多普勒频移的方式得到示位标的信息，而必须在示位标内部安装GPS接收芯片，提供位置信息，同时它也可以与近极轨道的卫星配合工作。

2. 空间段

空间段由卫星构成，在轨的卫星数目并不固定。2004年12月，由美国提供的5颗和俄罗斯提供的2颗低高度极轨道卫星组成极轨道卫星系统，由美国和印度提供的5颗静止轨道卫星组成静止轨道系统。所有的成员国可免费使用卫星上搭载的406MHz信号。

空间段的主要任务是对示位标发出的报警信号进行变频、存储和转发等处理，然后送到陆地用户终端（LUT）。由于采用的是低极轨道卫星，在目前7颗卫星工作的情况下，对遇险目标来说仍存在报警信号延时，这种现象在赤道附近更加严重，报警信号延时甚至可达30min左右。因此国际搜救卫星组织早在20世纪90年代就开始研究在静止轨道卫星上搭载406MHz转发器的问题。目前已有5颗静止卫星搭载406MHz转发器。美国有3颗，位于大西洋和太平洋上空；欧洲气象卫星开发组织（EUMETSAT）1颗（MSG）；印度1颗，位于印度洋上空（INSAT-3B），此卫星可以覆盖我国全部陆地和海域，但是其下行频率不对外公开。

3. 陆地用户终端（LUT）

陆地用户终端的作用有两个：一是接收卫星转发的遇险示位标的信号，

进行一系列的处理，包括解码、运算等，然后给出示位标的位置数据和识别信息，送到搜救任务控制中心（MCC）；二是实时修正其跟踪卫星的轨道参数，目前全球已经有38个陆地用户终端和7个精制轨道卫星的陆地用户终端投入使用。

4. 任务控制中心（MCC）

任务控制中心的全称是搜救任务控制中心，其主要功能是搜集、整理和存储从陆地用户终端送来的数据，对这些数据进行过滤虚假报警、分辨模糊值等处理，并在系统内按照国际组织的相关规定与其他任务控制中心进行信息交换。首先判断其报警位置和登记信息；然后再由节点任务控制中心把相应的电文转发给离示位标最近的MCC，以便实施搜救行动。

早在1991年，我国就开始建设北京全球卫星搜救系统，作为全球海上遇险与安全系统（GMDSS）的子系统。1996年7月开始进行系统安装，两年后，我国在COSPAS-SARSAT的身份由“用户”变成“地面设备提供国”。

我国的设备选用国际先进的高性能的HP-9000系列的服务器和工作站。LUT采用冗余备份结构，可以同时对两颗卫星分别进行跟踪，并由数据信号处理器对卫星下行信号中406MHz的信号进行实时处理，同时还可以对406MHz的信号进行延时处理。

目前全球搜救系统正在通过在中轨道卫星搜救系统（MEOSAR）中部署搜救接收机进行升级。中轨道卫星系统主要包括美国运营的GPS，俄罗斯的GLONASS；2012年10月开始发射的欧洲导航卫星Galileo，2014年2月已成功完成中轨道卫星搜索系统初步设计评审。

二、地面指挥通信系统

中国海上搜救中心，以交通运输部为主承担海上搜救的运行管理工作。下设海上搜救专家组和其他相关咨询机构。搜救专家组，由航运、海事、航空、消防、医疗卫生、环保、石油化工、海洋工程、海洋地质、气象、安全管理等行业专家、专业技术人员组成。

自2005年3月1日起，沿海所有海岸电台都已经纳入中国海事局管理。我国已经分别在18个主要沿海城市（上海、广州、天津、大连、烟台、青岛、连云港、宁波、福州、厦门、湛江、温州、汕头、北海、东方、三亚、秦皇岛、海口）建成了数字选择呼叫岸台（DSC），能够保障在我国沿海乃至全球大部分地区发出的DSC遇险报警得到及时接收。另外，还分海区建成了5座航行警告（NAVTEX）播发台，开展了中文航行警告业务，为在我国沿海航行的船舶提供安全信息播发等业务，保障了航行安全。此外，我国沿海甚高频（VHF）链状、无缝覆盖工程正在全面启动过程中。

目前，按《海上人命安全公约》要求需要安装船舶自动识别系统（AIS）的中国籍船舶已经完成船载AIS的安装工作，并在渤海湾、琼州海峡、长江口、珠江口地区建设了船舶自动识别系统15个岸台。建立了26个船舶交通管理系统（VTS）（不包括台湾省），对重点水域、重点船舶实施有效监控。建成了中国船舶报告系统（CHISREP），随时掌握在我国沿海航行的船舶动态，协调事故现场附近船舶参加救助行动。建立了中国海事电视监控系统（CCTV），研究开发了“远程救助指挥可视系统”项目。在全面梳理国内海上搜救现状和国外搜救先进经验的基础上，首次从系统性、全局性、战略性视角认识科学搜救的理念，并从搜救法律法规、搜救资源布局配置、搜救指挥协调、信息通报和传递、社会力量奖励与补偿和长江巡航救助一体化管理模式六方面对我国海上搜救现状和现存主要问题进行了系统分析、评价。

发生海上突发事件时，船舶可通过海上通信无线电话、海岸电台、卫星地面站、应急无线电示位标或公众通信网（海上救助专用电话号码“12395”）等方式报警。2016年，中国海上搜救中心共组织协调海上搜救行动2076次，协调飞机306架次、派出各类船艇10170艘次、飞机297架次，在我国搜救责任区成功搜救1454艘中外遇险船舶、15261名中外遇险人员，搜救成功率达96.3%。

第七章

中国航运业的未来

第一节　中国发展海洋运输体系的紧迫性与必要性

一、海洋已成为中国对外经济活动的战略空间

当前，中国已是世界第一大贸易国，90%的贸易运输量通过海上运输来完成，海洋已成为中国对外经济活动的重要场所和战略空间。当前中国正处于实现中华民族伟大复兴的关键历史节点，落实可持续发展带来的资源和空间压力使得我国发展需要从陆地走向海洋，通过实施海洋强国战略为中华民族开辟新的发展空间。而一个国家的海洋战略，首先取决于其地理条件，优越的地理位置能够带来巨大的经济和战略优势。历史上沉重的陆疆安全压力，致使海疆防卫相对弱化，使陆海复合型的中国养成了“重陆轻海”的固有思维模式，从而极大限制了中国向海洋方向的发展。从西北太平洋区域的地缘政治结构看，“中国是一个海洋地理相对不利的国家”，这种不利突出体现在中国是典型的半封闭海区，其边缘为岛链所包围，战略地理条件欠缺，开放的边缘海存在通往大洋的战略地理障碍，中国目前几乎所有的远洋航线均要穿越一些世界上重要的海上通道，一旦这些海上通道被关闭，中国的海洋运输航线就会被切断，中国“走出去”的发展战略便会遭遇外部约束并呈现更大的脆弱性。

二、中国已进入“依赖海上通道的外向型经济”状态

随着全球化趋势的不断发展，中国经济和石油能源的对外依存度逐年增加，中国有史以来第一次进入“依赖海上通道的外向型经济”状态。中国海洋

运输航线的安全与畅通，不仅关系到中国日益扩大和延展的海外经济利益的安全，而且还牵涉中国在全球化时代的国际关系和国家的战略地位、战略安全。然而，受历史和现实所限，中国尚未构建起与自身经济实力和现实需要相匹配的海上安全保障体系，用于海洋运输安全保障的战略资源和手段严重不足，尤其是缺乏对关键海域、关键航线与关键海上通道的战略控制能力，现有的海权力量难以应对所面临的现实以及潜在的危机与压力。这意味着，中国海外供应链长期以来一直暴露在多种安全威胁之下，看似平稳运行的国民经济体系潜伏着安全隐患，其战略脆弱性不容忽视。如果中国不具备对海上战略通道的影响力，不仅会使捍卫海洋主权和权益的基本诉求处于十分不利的境地，更将关系到未来中国是否能确保海外贸易和能源通道的畅通，也关系到经济发达、人口聚集的东部地区发展的国际空间及其战略纵深的有无得失。

中国经济逐步融入世界经济体系，海外利益已经成为中国国家利益的重要组成部分，中国海外投资、海外市场、海外资源基地、劳务输出等海外战略资产大幅度增加。目前，中国在海外投资上万家，在海外华人有数千万。据海关总署统计，2002—2015年，中国对外投资实现连续13年快速增长，2015年创下了31456.7亿美元的历史新高，成为仅次于美国的世界第二大对外投资国。对外承包工程完成营业额已连续8年保持20%以上的增速，新签合同额连续11年保持10%以上的增速，与此同时，中国出境旅游人数由2002年的1660万人次增加到2015年的1.17亿人次，成为世界上出境旅游人次增长最快的国家。在中国对外投资急剧增长，对外人员流动频繁，民间交往日益增多的大背景下，海外利益越来越成为社会经济可持续发展的重要因素，海洋运输航线通畅与否，直接关系到中国海外利益的维护与国家机器的正常运转，作用十分巨大。

三、世界经济环境的变化，要求中国海洋运输紧跟步伐

在中国“崛而未起”的阶段，中国海洋运输地理格局的时空演化将日趋复杂，中国在海洋运输安全保障方面所遇到的压力与困境将持续增加，这也正是中国整体战略环境趋紧的一个缩影。中国海洋运输安全保障关乎中国整体战略发展的国际空间，是一个应当纳入“和平发展战略机遇期”统筹的重大战略问题。因此，保障海洋运输安全，中国应从中华民族伟大复兴的战略高度出发，立足于全球视野，研究世界海洋运输要素的特点与组织结构、空间格局的

演化与形成机理、海洋运输网络的等级结构与动态变化，以及中国在世界海洋运输格局中的地位和作用，并明晰中国海洋运输格局的时空分布特征与国际空间的联系，从而对决策者制定出具备综合性、战略性的海运安全保障方案，使我国最终成为海洋强国，提供一定的借鉴意义。

目前世界经济环境发生了巨大的变化，世界经济中心已开始向亚太地区转移。国民经济和对外贸易的高速增长、区域经济合作和跨国集团的开发等都为我国的港口建设和海洋交通运输业的发展提供了有利条件，使得我国海上交通运输业得到了持续快速的发展。海运量的不断攀升，使得中国的海洋运输在国际上的影响力不断增强，已成为能够影响全球海运繁荣的重要因素。随着中国海洋交通运输业的迅猛发展，我国的市场环境也在不断地发生着深刻变化，尤其是中国政府实行对外开放国策以及积极采取一系列与国际海运惯例接轨的海运政策法规，为海洋交通运输业提供了“竞争、开放、透明”的市场环境。

海洋交通运输业作为服务性产业有着自己的独特之处。一是运输能力强，在五种运输方式中，水路运输能力最强，通常货运能力达3～4万吨，世界上最大的油船已超过50万吨。 二是水路运输通用性能也不错，既可运客，也可运货，尤其是大件货物。三是运输成本低，我国沿海运输成本只有铁路的40%，美国沿海运输成本只有铁路运输的1/8。四是劳动生产率高，沿海运输劳动生产率是铁路运输的6.4倍。五是平均运距长，水路运输平均运距分别是铁路运输的2.3倍，公路运输的59倍，管道运输的2.7倍，民航运输的68%。六是远洋运输在我国对外经济贸易中占独特重要地位，我国有超过90%的外贸货物采用远洋运输。远洋运输是发展国际贸易的强大支柱，战时又可以增强国防，这是其他任何运输方式都无法代替的。

2000年，全国海港200多个，对外开放73个；生产用码头泊位1455个，万吨级泊位526个；海洋运输船10378艘，净载重量3076.21万吨；载客量15.89万人；运输量34.41万标准箱。

根据2012年统计，全国水路运输企业6866家，其中沿海运输企业2249家；全国沿海运输船舶10947艘，净载重量6523.25万吨；集装箱22.72万标准箱；客货运服务方面，全国货运量16.27亿吨，客运量2.58亿人次。

海峡两岸间海上运输：直航85个港口，全年货运量6250万吨，客运量166.4万人次。

陆海统筹是海洋经济发展的关键。2013年，我国海洋生产总值已达54313亿元，比上年增长7.6%，海洋生产总值占国内生产总值的9.5%。

第二节 未来发展海洋经济对海洋运输的要求

目前的海洋经济主要集中在海洋渔业、海洋石油天然气、海洋交通运输、滨海旅游业等领域。随着地球陆上资源日趋紧缺，海洋矿产资源（含稀有金属资源）、可再生能源、水资源、旅游资源以及海岛、海湾等的开发将是未来海洋经济发展的重点。同时，为海洋开发服务的海洋科教、信息、环保、监测、防灾等海洋服务业也将有较快的发展。

未来我国将大力发展海洋经济，科学开发海洋资源，培育海洋优势产业，从海洋大国向海洋强国迈进。

海洋运输对发展海洋经济具有重要的支撑作用，与陆上运输类似，要发展海洋经济，发展海洋产业，交通运输必须先行。

一、经济全球化发展对海洋运输的要求

改革开放近40年来，我国抓住经济全球化深入发展的机遇，形成了全方位、多层次、宽领域的对外开放格局和开放型经济体系。我国经济与世界经济的联系日趋紧密，已成为全球第一大贸易国。目前我国正努力扩大内需，但外向型经济仍将继续发展，利用国际国内两种资源、两个市场的力度也将继续增强。对于高度依赖海洋运输的外向型经济，发展海洋运输，保障海上交通安全尤为重要。

相对于港口经济的快速发展，我国海洋运输船队的建设明显落后。考虑到我国外贸货物中大宗货物所占比重较大，与其他许多国家相比，我国的船队规模与我国在国际商品贸易中的地位很不相称，大量的外贸进口物资需要国外船队运输。为保障我国战略物资进口，提高对外贸易竞争力，我们要大力提高海洋运输保障能力，扩大国际海洋运输市场份额，组建具有国际竞争力的海洋运输船队，并促进海洋运输船舶向大型化、专业化、现代化方向发展。

二、工业化、城镇化发展对海洋运输的要求

目前我国于工业化后期，工业化和城镇化仍将进一步推进。为适应较大

规模建设的需要，重化工业仍将在国民经济发展中发挥非常重要的作用，对煤炭、石油、铁矿石等大宗商品资源的需求量仍将持续增长。我国资源的地域分布决定了长距离、大运量的大宗货物调运长期存在并继续增长，尤其是我国的“北煤南运、北粮南运”以及随着区域经济的发展我国各大区域间货物的交流。东部沿海地区是我国经济最活跃、最发达、对外开放程度最高的地区，未来东部沿海地区率先发展的优势和希望都在海洋经济。未来沿海各经济区域之间规模庞大的货物交流，海洋运输将是最经济、环保的运输方式，我们要大力发展海洋运输及陆海联动的交通运输方式。

三、发展海上旅游业对海洋运输的要求

根据发展海洋经济的要求，未来我国将积极发展滨海旅游业，推进滨海、海湾、海岛景区开发，加快推广海岛观光、海洋生态观光、海洋博物馆、海洋海底观光、海洋潜水、港口及工业旅游、现代海洋科技旅游等。这就要求大力发展海洋旅客运输，开辟陆岛间、岛屿间旅游航线，与周边国家之间的旅游航线以及深海旅游航线，开辟我国南北之间的沿海旅游航线。

加快邮轮、游艇产业的发展，已成为发展滨海旅游业的重点，要建设邮轮港口码头泊位、邮轮母港，开辟更多的邮轮旅游航线，尤其是与周边国家和地区之间的邮轮航线，积极构筑邮轮经济产业链，使邮轮旅游业在海洋经济建设中扮演更重要的角色。随着人们生活水平的不断提高，我国游艇产业已进入快速发展期，要积极发展游艇产业，建设游艇码头。

我国沿海及海岛岸线较长、海洋资源丰富，这为发展海洋体育竞技提供了优越的条件。大力发展海钓、游泳、帆船、帆板、摩托艇、冲浪、滑水、划船、水上飞机和沙滩足球、沙滩排球等海洋体育竞技运动，同时，应发展为其服务的交通运输及服务保障系统。

四、岛屿开发对海洋运输的要求

海岛具有独特的经济优势，不仅具有丰富的动植物、矿产等资源，其周边海域往往拥有丰富的海产、盐、石油、天然气以及多金属结核等资源。同时，海岛往往旅游资源丰富，还具有重要的交通、通信等价值。按照1982年《联合国海洋法公约》规定，海岛还具有自己所属的大陆架以及200海里范围

内的专属经济区。我国海岛众多，有各具特色的岛屿5000多座，不仅有台湾、海南、舟山、崇明等大岛，有资源丰富的南海诸岛以及其他颇具特色的岛屿，还有目前无人居住的无人岛。

随着我国经济的不断发展以及海洋开发技术的不断提高，海洋资源将逐渐得到综合开发和利用，岛屿的开发也将进一步加快。

岛屿开发，交通必须先行。岛屿要与大陆建立必要的交通联系，由大陆提供必要的后勤保障；要建设基本覆盖海上岛屿间的交通运输网络，提供类似陆上的交通普遍服务；要推动水上客运向高速化、舒适化方向发展，发展高速客轮、客滚运输，发展海岛空中交通，提高陆岛间及海岛间交通运输服务水平。

五、海洋经济的发展对海上通用航空运输的要求

随着海洋经济的不断发展，海洋交通日显重要，而空中交通也将越来越重要。通用航空在海上旅客快速转运、海上应急救援、突发事件处置中的快速、灵活、机动的优势是海洋船舶运输所不能比拟的，在海洋资源调查、海洋科学考察、海洋环境预报、海上交通安全预警、海洋防灾减灾以及海洋油气资源开发、海底矿产资源开发中的作用非常明显。要大力发展海上通用航空运输服务，为发展海洋经济做好后勤交通保障，提供应急、救援以及海洋旅游观光等服务。

第三节　存在的问题与解决方案

一、存在的问题

虽然海洋运输业是海洋经济的支柱产业，但目前为止，海洋运输业总产值在海洋产业总产值中所占的比例并不算高，并且一直存在波动。

由于海洋运输业属于海洋经济中的第三产业，其服务的特性不仅体现在推动国内外贸易的发展中，还体现在对滨海旅游、海洋水产等其他海洋产业的支撑与推动中。如果我们能够加大海洋运输业的发展力度，使其与国民经济、区域经济以及其他海洋产业的发展速度相匹配，那么不但可以直接提高海洋产

业的总产值，还能更好地推动其他各门类海洋产业的发展，从而间接推动海洋经济的发展。

二、探索解决问题的方案

海洋运输业在海洋经济发展中的作用不可小觑，其社会、经济效益不仅表现在行业本身的收益，更表现于对整个海洋经济和其他产业的贡献。要想发展海洋运输业，并以此推动海洋经济，我们首先就要正确估计海洋运输业在海洋经济中的地位与贡献，以便为制定海洋运输业发展宏观战略决策提供重要的依据。

近年来，海洋运输业的产值对海洋经济的直接贡献率每年都维持在15%~20%。如今，各沿海港口都在大力加强港口建设、发展本地的航运事业，因此，这一贡献率势必有所增加。但是，我们在将海洋运输业与海洋经济整体相结合的过程中，除了看到海洋运输业的产值对海洋经济的直接贡献外，还应当理性地分析海洋运输业的发展对海洋经济增长的间接贡献，分析对海洋运输业的投入将会给海洋经济的发展带来怎样的收益，用以认清形势，并因地制宜地提出发展战略和策略，从而为决策者提供参考。

2014年，国务院发布了《国务院关于促进海运业健康发展的若干意见》。该意见提出，当前海运业发展还不能完全适应经济社会发展的需要，仍然存在战略定位和发展目标不清晰、体制机制不顺、结构不合理、配套措施不完善、运营管理水平不高、核心竞争力较弱等问题；明确提出了“坚持把改革创新贯穿于海运业发展的各领域各环节，以科学发展为主题，以转变发展方式为主线，以促进海运业健康发展、建设海运强国为目标，以培育国际竞争力为核心，为保障国家经济安全和海洋权益、提升综合国力提供有力支撑”；“加快推动海运业健康发展，对稳增长、促改革、调结构、惠民生具有重要意义”。

这个经过两年多的调研起草的文件，是我国第一次从顶层进行设计，把海运业发展上升为国家战略，所以该意见一经公布，就在海运业、造船业和相关产业乃至经济界引起了热烈的反响。业内人士认为该意见是近年来“最给力”的行业政策，有望带来航运业的春天。

业界之所以寄希望于该意见带来航运春天，寄希望于国家经济战略层面顶层设计，实则因为许多企业仅凭自身力量难以解决问题，既然是国家经济战略，就需要国家给予支持，毕竟我国航运业已经身陷困境太久。

大力发展海洋经济，应该按照交通先行的原则，大力发展海洋运输。重点是港口及后方集疏运系统建设、海洋运输船队建设、海上通用航空运输系统建设，并着力发展海陆多式联运系统。逐步建立起以海上运输为主体、通用航空运输为辅助，与其他运输方式相衔接、布局结构合理、功能较为完善的海上及海陆联动的现代海洋交通运输系统。

1. 继续完善港口及后方集疏运体系

适应经济全球化、对外贸易继续发展以及国际海洋船舶大型化的发展趋势，进一步完善港口及后方集疏运体系。继续完善港口设施、调整港口结构、优化港口布局，重点加强煤炭、石油、进口矿石、粮食等大宗货物接卸码头的建设，加强集装箱码头的建设。应进一步拓展港口功能，使我国沿海港口成为具有国际中转、物流分拨、仓储加工、商品展示、临港服务等全方位增殖功能的现代港口。应积极构筑完善畅通的港口集疏运网络系统，逐步建立起与其他运输方式紧密衔接、布局结构合理、海陆交通联动、功能较为完善的港口集疏运体系。

2. 大力发展海洋运输船队

建设一支能力足够的海洋运输船队是进出口货物运输安全的重要保障，也是国防后勤运输的保障。

应通过立法等途径，从资金上加以扶持和补助，组建一支结构合理、具有国际竞争力的现代化海洋运输船队，扩大远洋运输市场份额，着力建设海洋运输强国。同时，适应我国未来加强基础性、常态化海洋科学调查与海洋测绘的工作，进一步严格海洋资源调查、海洋环境监测、防灾减灾、深海探矿等方面的要求，加强海洋监察船队、科学考察船队等的建设。

3. 积极发展通用航空运输

针对目前我国通用航空发展滞后、通用机场数量少的局面，应首先在海洋经济发达地区加快通用机场的布局和建设，扩大通用航空机队规模，扩展通用航空作业领域。应发挥通用航空在海洋维权、海上旅客快速转运、海上应急救援、突发事件处置中灵活、机动的优势，建设低空空域运行管理和服务保障体系，率先构建公益性航空服务网络，并大力发展海上通勤、海上航空游览等新兴业务。

4. 加强国防交通及应急交通保障

为了维护国家海洋通道安全，应加强国防交通建设，加强海洋应急交通保障系统的建设。应加大对我国管辖海域及敏感水域的有效控制，确保领海和岛屿主权不受侵犯，确保专属经济区和大陆架主权权利和管辖权不受侵犯，逐步形成维护航道安全的制度化，确保海洋通道尤其是重要航线安全畅通。应积极参与重要国际海上运输通道的合作，建立应急交通运输保障系统，维护国家能源等战略物资的运输安全。

三、保障措施

1. 拓宽渠道，多方筹资，确保重点工程建设资金的需要

一是积极争取财政信贷资金，优先安排国内外银行贴息贷款；二是鼓励企业通过改制进行融资，发展壮大自身实力；三是坚持油地共建的方针，吸纳油田资金投入海洋运输业；四是加强项目前期工作，提高前期工作质量，建立和完善项目储备制度，严格基建程序，避免在投资上失误，努力提高投资效益；五是积极吸纳社会闲散资金，投入海洋运输业。

2. 加大科技投入力度，增强对海运业建设的支撑

实施科教兴航战略，逐步加大科技特别是高科技的投入。引进港口航道建设新技术，调整船舶结构技术性能，对综合性技术难题组织科研攻关，使科技成果尽快转化为实用技术。建立人才激励机制，努力培养一支技术精、业务熟、懂经营、善管理的高级专业人才队伍。

3. 加大改革力度，发挥市场机制作用

发展股份制企业，努力创造条件推行项目业主责任制，发展各类不同形式的海运事业。按照“谁投资谁受益”的原则，在统一规划下，支持货主自建运输船队，鼓励腹地内地区和企业自建和联建远洋船队和相应设施。

4. 加强对海洋运输业的领导

要把海洋运输业列入重要工作日程，形成有利于海洋运输业发展的领导体制和工作机制；营造良好的发展环境，调动全社会的力量支持海洋运输业发展。

四、风险规避

海洋交通运输业的发展一直面临着许多来自国内国外的竞争。国内方面主要有不断发展壮大的航空运输业，航空运输以其速度及灵活性优势逐渐扩大了影响力，加之国家对空运发展的高度重视和网络发展带来的巨大优势，航空运输业抢占了部分海运业市场，形成了当今市场分割的格局。

在国际方面，由于改革开放程度进一步加深，我国海运业的大门也向世界各地的海运巨头敞开，例如马士基集团——马士基早在 80 多年前就已经进驻中国，虽然由于“二战”的爆发暂时撤出，但是其根基依旧深远，目前来看，马士基业务涉及我国海运业的各个方面，在我国主要的港口城市都参与投资码头建设，如青岛、上海、大连、深圳等；此外还发展了自己的物流业、航运业等，所经营的业务几乎遍及我国各个重要货物出入区域；与本土海运企业一样，马士基的发展也相当迅速。外国物流公司的进入挤占了大量国内海运业市场份额，面对着强大的竞争对手，我国的海运业竞争力稍显不足，在未来的发展过程中，我们要充分发挥本土优势，利用技术创新以及有利的国家政策加速自身发展，加快企业资本、技术乃至企业文化的积淀，努力缩小起步晚带来的差距，加快追赶国际海运业巨头的脚步。

我国海运业受国际大环境影响巨大，国际环境的动荡构成我国海运业发展的又一重大威胁。国际油价的上升会提高我国海洋运输业的整体成本，许多新增收益都会被不断上涨的油价所吞没。我国海洋运输业起步较晚，配套的物流业发展更是缓慢，物流的效率问题成为我国海洋运输业发展的又一瓶颈，随着国际上信息化物流技术的兴起，我国的物流业越发跟不上国际脚步，海洋运输业要想有长足发展，物流业必须加速改造。许多不可预测因素，诸如海盗、国际纷争等，都会对我国海洋运输产生不良影响。

海洋运输业在总体持续快速发展的同时也存在一些不容忽视的问题，能否清醒认识和正确处理这些问题不仅事关未来自身健康发展，甚至有可能影响到整个海洋经济的安全大局，影响中国经济转型的进程。

1. 各类全球性海洋灾难和事故依然不少

随着海洋运输总量的不断增加，全球各类海上事故此起彼伏，范围不断扩展的海盗袭击、不可预测的船只碰撞、破坏力极强的漏油污染等事故，再加上难以抵御的海洋自然灾害，都在很大程度上威胁到海洋交通运输业的正常运转。

2. 各类市场风险的负面效应不容忽视

全球金融危机的影响还远未消除，世界经济复苏仍存在较大不确定性，这给海洋交通运输业发展造成了一定困境；在我国国内，物价的较大幅度变化、部分出口企业生存危机、人民币币值波动等因素，也都通过国际贸易间接地影响着海洋交通运输业的发展。

3. 我国与邻国的海洋权益冲突

目前，中国除渤海外其余三海均与朝鲜、韩国、日本、东南亚诸国存在一定的权益争端，且涉及争议内容较多。2010年以来，日方在钓鱼岛主权问题上罔顾事实、制造事端，一定程度上影响了两国正常经贸往来；菲律宾政府制造所谓“南海仲裁案”，也反映出我国在南海地区维护权益的困难。

4. 海洋交通运输业自身竞争力还有待提升

尽管我国海洋交通运输业增加值多年来不断增长，但其在整个海洋产业总产值中的比重却在持续下降，从2001年的18.19%下降到2011年的8.68%，另外其在我国GDP所占比重也反映出了类似的趋势，表明我国海洋交通运输业的国内产业竞争力有所下降。此外，我国原油进口依赖度在2011年达到56.5%的历史峰值，但由于我国油轮数量和规模不大，每年进口石油中的 80%以上依赖外轮运输，加之国际石油交易商恶意炒作，我国为石油贸易付出了巨大的成本，而这也对国家能源安全进而对经济安全构成一定威胁。因此，大幅提升海洋交通运输业竞争力具有突出的战略意义。

5. 改善中国海洋交通运输业安全形势

（1）加快构建完备的海运法规体系

继续以《中华人民共和国海上交通安全法》《中华人民共和国海商法》《中华人民共和国国际海运条例》《中华人民共和国港口法》等核心法律为基础，逐步细化并尽快建立一套完善的海洋运输法规体系，维护港口和海运线的安全与经营秩序，维护各相关当事人的合法权益，坚持走法治化的产业发展道路。采取有力措施尽可能消除威胁产业安全的风险因素。政府部门要不断加强国际协调、沟通与合作，妥善解决海盗劫持、海上溢油事故等问题；并从全国海洋运输大局出发统筹制定总体战略，建立一整套包括预警、实施、管理、监督、奖惩等多环节的海运监管体系。

（2）继续坚持海运硬件建设和软实力提升“两手抓”

长远来看，全球海运需求量仍将继续扩张，海运安全要求也将不断提升，我国海洋交通运输业的发展既要坚持沿海主要枢纽港口和运输船队向大型化、深水化和集约化方向发展，也要增强港口吞吐能力和船队运输能力，做好陆海交通运输衔接。海运企业要抓住时机调整业务和发展壮大。全球经济正处于金融危机后的缓慢复苏时期，这给海运企业“根据业务需求量科学配置企业活动资产和人员规模，加快进行业务调整”提供了有利时机；各海运企业要继续关注国际市场的变动，根据国际形势调整国际贸易方式；同时要积极开拓国内运输市场，创造条件与上下游企业积极进行战略合作，积极拓展融资渠道，不断延伸和优化产业链条；实现企业多元化发展，建立和完善公司管控体系，降低企业运行市场风险。

（3）加大政府扶持力度

政府的扶持很大一部分跟当时的航运政策有关。比如早期，我国保护本土企业发展，自然就会更多地扶持国内的海运企业，给予更多的优惠措施。随着政策导向的改变，海运业也经历了由“计划经济”向“市场经济”转变的过程，即从海运保护逐渐转变成海运自由化。这就需要政府把产业更多地交给市场，由市场主导产业的发展。相比于外国，我国在优惠补贴、税收减免方面确实还不到位，没有创造出更有利的发展环境。值得关注的问题是，在国内，我国海运企业享受的待遇甚至不如国外竞争者好，这就造成了不公平的竞争条件，极大地影响了我国海运企业的竞争力。例如，在港口投资经营上，本国企业想要兴建码头障碍重重，而外国企业却能享受到很多本国企业享受不到的待遇。又如，我国的造船倾斜补贴政策，给予外国造船者出口信贷优惠的补贴，这种补贴对我国造船者是没有的。这种对外国企业提供的优于本国企业的待遇，不只造成了不公平竞争，更伤害了本国企业发展的信心。

第四节　海洋强国战略的重要布局

公元1500年前后的地理大发现，拉开了不同国家相互对话和相互竞争的历史大幕，使割裂的世界开始连接在一起。可以说，没有海运就没有地理大发现，也就没有今天的经济全球化。而经济全球化在客观上要求实现运输的全球化、信息化、高效化和门对门。

一、“五通”

21世纪是海洋的世纪，强于世界者必盛于海洋，衰于世界者必败于海洋。我国拥有着470多万平方千米的蓝色国土、1.8万多千米的海岸线、1400多个港口，海域辽阔，海疆富饶，战略布局潜力巨大。而今，面对错综复杂的南海问题和东海问题，如何倡导“命运共同体”理念与“互联互通”设想，如何协调我国自身利益与周边各国共同利益，如何扩大利益会合点与战略契合点，如何妥善处理岛礁争端与资源争端，如何更好突破第一岛链与第二岛链，已然成为我国海洋战略布局的诸多挑战，亟须以海洋为依托开拓战略新格局。2013年9月，习近平主席对哈萨克斯坦进行国事访问期间，提出“五通”构想即政策沟通、道路联通、贸易畅通、货币流通、民心相通，并强调以点带面，从线到片，逐步形成区域大合作。而“一带一路”倡议作为“五通”构想的海陆延伸，将会逐步成为海洋强国战略布局的平台与典范。此外，历史经验表明，西方大国的崛起史便是一部繁杂的航海史。

二、21世纪海上丝绸之路航运发展目标体系

21世纪海上丝绸之路航运发展目标体系见图7-3。

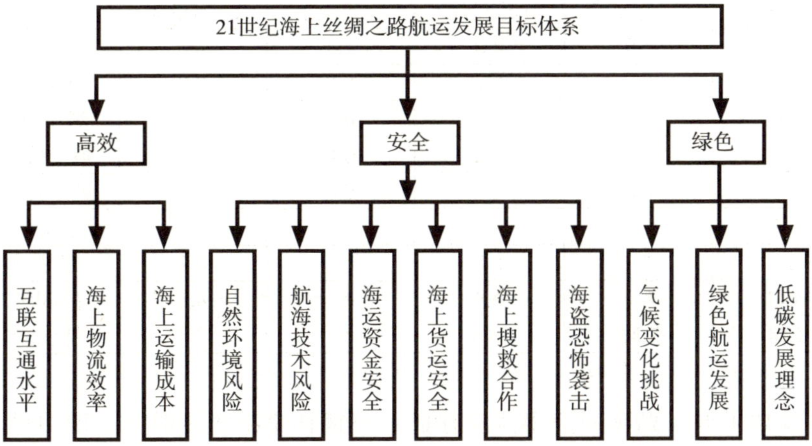

图 7-3 21世纪海上丝绸之路航运发展目标体系（高嵩，2014）

伴随着世界海洋运输重心的转移，中国的国家发展战略已经从最初的对外开放逐步拓展到今天的全球战略布局。与历史上的陆海复合型强国一样，中国的崛起进程同样也伴随着规模巨大的海洋战略转型，这种转型的首要动力来自中国史无前例的外向型发展。通过参与世界经济循环，利用两个市场、两种资源，中国实现了经济的腾飞，并形成了“大进大出，两头在海”的经济格局。

三、大力发展集装箱组合群

集装箱运输作为发生在世界杂货运输领域的一场革命，切合了全球经济一体化对运输发展的要求，自20世纪50年代以来，在全球得以快速发展。集装箱运输作为一种新的运输方式也改革了传统的运输模式，在一定区域已形成由不同规模和功能的港口及港口群组成的集装箱港口运输体系，这对整个运输系统及区域经济的发展产生了深远的影响。

1. 四大集装箱港口组合群

（1）环渤海经济圈集装箱港口组合群

位于辽东半岛及附近沿海地区、渤海西海岸、胶东半岛及附近沿海地区，腹地大致包括东北地区、华北地区、西北地区东部（秦岭以北）、淮河以北地区，主要包括天津、青岛、大连、营口与烟台等港口。

（2）长江三角洲集装箱港口组合群

位于长江三角洲及附近沿江、沿海地区，以长江流域大部、浙江中北部为腹地，中心枢纽港为上海，包括宁波、连云港和南京等港口。

（3）海峡西岸集装箱港口组合群

位于台湾海峡西侧及附近沿海地区，浙江南部、福建全部、广东东部、江西东部和东南部为其腹地，主要包括厦门港与福州港。

（4）珠江三角洲集装箱港口组合群

位于珠江三角洲及附近沿海地区，腹地大致包括广东中部和北部、江西西部和西南部、湖南中部和南部、广西东北部，以香港、深圳港为中心枢纽港，包括广州、中山等港口。

这些集装箱港口组合群中各港与世界港口的联系有一定分工，大体代表了中国港口与国际港口空间联系布局的基本框架和结构体系。

2. 快速发展的各大港口

中国港口集装箱运输的发展与中国经济、特别是外贸经济的快速发展有着密切的关系。集装箱运输以其高效、便捷、安全的特点已经成为中国交通运输现代化的重要形式，加快发展集装箱运输对促进中国经济贸易发展、改善经济结构和运输结构、扩大对外开放具有十分重要的意义。

（1）上海港

上海港位于中国1.8万千米大陆海岸线中部，背靠长6300多千米的长江，立足于中国最大的经济中心城市——上海，依江面海，腹地辽阔，且腹地是我国经济比较发达的地区。上海既是长江出海的门户，又是江海、水陆、空运的重要枢纽，集疏运条件优越。黄浦港—外高桥地区—洋山港的港口阶梯性建设，为上海港的国际性提供了设施保障。洋山保税港区的设立，国际贸易、金融、经济中心的建设，信息、人才的云集，为上海港国际化的“软环境”建设打下坚实的基础。上海港开辟了遍布全球，直达美洲、欧洲、澳大利亚、非洲以及东北亚、东南亚等地的班轮航线200多条，是中国内地集装箱航线最多、航班密度最高、覆盖面最广的港口。

（2）宁波港

宁波港位于中国东南沿海、杭州湾口及长江、钱塘江、甬江入海口处，背靠长江经济带与东部沿海经济带呈T形交汇的长江三角洲地区，其直接腹地是中国经济发展水平最高、最具活力和发展潜力的地区之一。宁波港是中国沿海主要港口和国家综合运输体系的重要枢纽，是上海国际航运中心的重要组成部分和沿海集装箱运输的干线港，是长江三角洲及长江沿线地区能源、原材料等大宗物资的中转港。目前，宁波港已初步形成了一干线四大基地，即集装箱远洋干线港、国内最大的矿石中转基地、国内最大的原油转运基地、国内沿海最大的液体化工储运基地和华东地区重要的煤炭运输基地，成为上海国际航运中心的重要组成部分和深水外港，是国内发展最快的综合型大港。

（3）广州港

广州港地处珠江入海口和中国外向型经济最活跃的珠江三角洲地区中心地带，濒临南海，毗邻香港和澳门，东江、西江、北江在此汇流入海。通过珠江三角洲水网，广州港与珠江三角洲各大城市以及香港、澳门相通，由西江联系中国西南地区，经伶仃洋出海航道与我国南海诸岛及世界诸港相连，拥有着“江海直达，连通港澳”的得天独厚的航运条件，是华南地区的综合交通枢纽港。

（4）天津港

天津港位于渤海湾最西端的海河入海口，处于京津城市带和环渤海经济圈的交会点上，是环渤海港口中与华北、西北等内陆地区距离最短的港口，是首都北京的海上门户，亚欧大陆桥的东端起点。与此同时，天津港还是中国沿海主枢纽港和综合运输体系的重要枢纽，是京津冀现代化综合交通网络的重要节点和对外贸易的主要口岸，是华北、西北地区能源物资和原材料运输的主要中转港，是北方地区的集装箱干线港和发展现代物流的重要港口。目前，天津港已经形成了以集装箱、原油及制品、矿石、煤炭为“四大支柱”，包括钢材、粮食等的货源结构，也是中国最大的焦炭出口港和中国最大的稀土出口港。

（5）大连港与厦门港

与全球港口间集装箱运输贸易水平处于第三阶梯的是大连与厦门。

大连港位于辽东半岛南部东侧大连湾内，处于东北亚经济圈中心位置，位于中国环渤海、辽东半岛沿海港口通往国外最近的位置，也是整个东北亚进入太平洋最便捷的地方之一。超过50家航运公司在大连港开辟了近百条集装箱班轮航线通往世界各地，承担着东北地区70%以上的海运和90%以上的集装箱运输任务，具有成为俄罗斯远东地区、蒙古国出海口的潜能和实力。

而厦门港位于中国东南沿海台湾海峡西岸、九龙江入海口处，地处闽南沿海地区的中心，面对金门，与台湾岛和澎湖列岛隔海相望，是中国东南沿海重要的天然深水良港，自然条件优越。港湾外围大，小金门等岛屿形成一道天然屏障，港内水域宽阔、水深浪小、不冻不淤，是大陆距离台湾最近的港口，水路可以畅通地与我国沿海地区及世界诸港通航。厦门港是中国综合运输体系的重要枢纽、集装箱运输干线港、东南沿海的区域性枢纽港口、对台航运主要口岸，是中国最大的石材贸易基地和国际石材物流交易中心。

此外，中山、营口、烟台、南京、连云港、福州这六个港口与全球港口间集装箱运输贸易水平也都有所提升，但在笔者研究末期，其依然没有出现处于集装箱运输贸易高级水平的港口间连接，且这些港口绝大多数的港口间连接仍然处于集装箱运输贸易低级水平与初级水平，因此对中国整体港口国际集装箱运输贸易格局的贡献与作用有限。

中国各港口的国际空间联系强度与中国港口集装箱运输贸易水平阶段的划分相一致，上海、香港、深圳、宁波、广州和青岛等港的国际空间联系强度较高，其集装箱运输指数均高于1，尤其上海、香港与深圳三港最高，远高于全国集装箱运输网络的平均水平，在集装箱运输国际网络的通达性最好，运输能力最强，在全国集装箱运输网络中具有绝对的枢纽地位。其次是厦门港与大连港，其集装箱运输指数略低于集装箱运输国际网络平均水平，通达性较好，相互间差距不大，具有一定的区域枢纽地位。连云港、营口、烟台、南京、福州与中山港的集装箱运输指数远低于集装箱运输国际网络平均水平，其集装箱运输能力相对较低。

青岛港位于山东半岛的胶州湾畔，地处黄海北部的咽喉要道，与日本、朝鲜半岛隔海相望，是太平洋西岸重要的外贸口岸。经济腹地是山东、河南、河北和山西部分地区，是晋中煤炭和胜利油田原油的主要输出港，是中国沿黄河流域最方便、最经济的出海口和国际集装箱中转枢纽，是黄淮沿海港口组合区的主枢纽港。

香港港具有无可比拟的优势地位，其港口集装箱运输指数为6.996，远大于排第二位的上海港的2.170，但其在集装箱运输国际网络中的地位逐年下降，在笔者研究末期，香港港的集装箱运输指数已经下降为2.412，研究期内年均下降9.23%。

2013年中国已经成为全球最大的贸易国，快速发展的外贸为集装箱运输提供了充足的货源，驱动着集装箱运输的快速发展。中国集装箱生成率（单位贸易量的集装箱生成量）较高，并且上升速度快，1980年中国的集装箱平均生成率是9.3 TEU/百万美元，而目前中国的集装箱平均生成率为56.6 TEU/百万美元，高于英国（7.6 TEU/百万美元）、美国（15.9 TEU/百万美元）、意大利（11.8 TEU/百万美元）、日本（13.8 TEU/百万美元）、德国（6.9 TEU/百万美元）、韩国（33.2 TEU/百万美元），由于集装箱运输港口属战略性基础设施，其对沿海各地区的经济发展中具有重要的作用，因此各地各级政府都对集装箱运输港口给予高度重视。

四、提升服务质量

1. 加快港口建设

随着中国港口在国际海运中的地位大幅上升，中国要努力成为新国际海运秩序制定的重要参与者之一。同时，要因地制宜，制定有差异的区域港口发展策略，把发展观念从依靠扩大港口规模转变到注重提升港口服务质量、完善临港产业链、提升港口运营效率等内容。推动港口积极探索更加适宜的管理模式，拓展腹地城市的港口延伸产业，保障江海联运、完善海铁联运系统。加快交通运输网络基础设施建设和港口建设的统筹规划，避免重复建设和过度竞争。

中国与东亚—东南亚、欧洲以及北美三大区域的港口间集装箱贸易连接成为支撑中国国际集装箱贸易运输网络的主体，且在笔者研究期内，中国与上述三大区域的集装箱贸易运输网络有更加集中的趋势。

2. 从业人员的培养

早在2008年，全国船员发展大会就明确提出了“争取到2020 年实现我国从船员大国到海员强国的目标”，并指出要实现该目标必须做好六方面工作：一是扩大船员培养规模，提高船员培养质量；二是提升船员综合素质，优化船员队伍结构；三是加强在职船员培养，健全实操考评机制；四是保障船员合法权益，营造良好发展环境；五是推进海事电子政务，构建船员服务平台；六是宣传我国航海文化，增强社会航海意识。

中国的航海教育培训，要坚持以职业能力为本的培养目标，贯彻融“教、学、做”为一体的教学方法，培训形式可以多种多样：航海学科教育、职业教育、岗前培训、专业和特殊培训以及公司培训等。此外，我国依据经全面修正的《1978年海员培训、发证和值班标准国际公约》（《STCW 公约》）的规定和要求，建立了一套使其得以在中国全面充分实施的船员管理法规体系，这一体系提供了全面开展船员教育培训、考试评估、发证及相关管理工作的较为完整的依据。

五、建设21世纪海上丝绸之路，为振兴我国远洋运输业提供了重要战略机遇

“一带一路”构想突破了传统的区域经济合作模式，主张构建一个开放包容的体系，以开放的姿态接纳各方的积极参与。重新激活这条古老的贸易通道，对于沿线国家的经济建设、地区繁荣乃至世界经济的平衡都具有重大的战略意义。党的十八届三中全会明确做出“推进丝绸之路经济带、海上丝绸之路建设，形成全方位开放新格局”的决定。随后，中央经济工作会议进一步强调：“建设21世纪海上丝绸之路，加强海上通道互联互通建设，拉紧相互利益纽带。”党的第十九次全国代表大会中，习近平总书记在发言中提出“要以

‘一带一路’建设为重点，坚持‘引进来’和‘走出去’并重，遵循共商共建共享原则，加强创新能力开放合作，形成陆海内外联动、东西双向互济的开放格局”。我们不仅要充分认识中央关于共建21世纪海上丝绸之路构想的重大意义，而且还要进一步理解其深厚的历史文化底蕴。

当今世界正发生着复杂深刻的变化，国际金融危机深层次影响继续显现，世界经济复苏缓慢、发展分化，国际投资贸易格局和多边投资贸易规则酝酿深刻调整，各国面临的发展问题依然严峻。共建“一带一路”顺应世界多极化、经济全球化、文化多样化、社会信息化的潮流，秉持开放的区域合作精神，致力于维护全球自由贸易体系和开放型世界经济。共建“一带一路”旨在促进经济要素有序自由流动、资源高效配置和市场深度融合，推动沿线各国实现经济政策协调，开展更大范围、更高水平、更深层次的区域合作，共同打造开放、包容、均衡、普惠的区域经济合作架构。共建“一带一路”符合国际社会的根本利益，彰显人类社会共同理想和美好追求，是国际合作以及全球治理新模式的积极探索，将为世界和平发展增添新的正能量。

共建“一带一路”致力于亚欧非大陆及附近海洋的互联互通，建立和加强沿线各国互联互通伙伴关系，构建全方位、多层次、复合型的互联互通网络，实现沿线各国多元、自主、平衡、可持续的发展。“一带一路”建设中的互联互通项目将推动沿线各国发展战略的对接与耦合，发掘区域内市场的潜力，促进投资和消费，创造需求和就业，增进沿线各国人民的人文交流与文明互鉴，让各国人民相逢相知、互信互敬，共享和谐、安宁、富裕的生活。

当前，中国经济和世界经济高度关联。中国将一以贯之地坚持对外开放的基本国策，构建全方位开放新格局，深度融入世界经济体系。推进“一带一路”建设既是中国扩大和深化对外开放的需要，也是加强和亚欧非及世界各国互利合作的需要，中国愿意在力所能及的范围内承担更多责任和义务，为人类和平发展做出更大的贡献。

另一方面，中国港口自身硬件实力也较弱，比如广西没有远洋船队，集装箱码头和深水港较少，国际航线相对单一；防城港和汕头港港口和铁路连接不配套，导致物流成本高等。我国需要进一步与沿线国家合作，通过设立基础设施银行、建立基金等方式拉近与他们的关系，共建港口等基础设施，实现互联互通。21世纪海上丝绸之路应该有重点战略走向：一是从我国沿海港口过南海，经马六甲海峡和印度洋，延伸至欧洲；二是从我国沿海港口过南海，经印度尼西亚抵达南太平洋；三是远期还可考虑北冰洋等方向。

第五节　可持续发展

没有交通运输的发展，就谈不上社会经济的发展；反之，社会经济要实现可持续发展，就需要相应的可持续的交通运输系统的支持。

传统交通运输的发展模式同传统经济的发展模式一样，具有与环境资源不相协调的缺点。因此，为适应社会经济可持续发展的需要，交通运输必须采取可持续发展的战略，也就是要改变传统交通运输发展模式的资源和环境特性，推进交通运输的可持续发展。

可持续发展作为一个立足现在、旨在长远的发展模式，已成为当今社会一个应用范围非常广的概念。交通运输的可持续发展，恰是在可持续发展这一理念背景下，基于现有交通运输体系所存在的不可持续性因素这一现实提出的。

交通运输的可持续发展可定义为："既满足当代人的需求，又不危及后代人对交通运输的需求的发展。"具体来说，交通运输在满足现代社会需求的同时，要重视对生态环境的保护和资源的合理开发利用，保证未来交通运输发展在满足社会资源开发利用要求的前提下满足社会交通运输需求。因此，交通运输可持续发展的关键就在于如何按照可持续性发展的要求，实现交通运输与经济、社会、生态等系统的协调发展以及自身发展。

一、如何保证交通运输可持续发展

交通运输的可持续发展系统复杂而又庞大，是多种因素相互交织、互相作用的结果。它不但与政治、社会、经济等发展关系密切，且受自然资源与生态环境的约束性也较高。该系统既要关注社会经济条件、资源与环境条件等因素，也要充分考虑国家整体与区域局部、社会未来与现在之间的关系。该系统运行框架的基本出发点，是对系统内部与外部两个主要方面进行解析与归纳，从而将整个系统的运行框架划分为三个主要模块：交通需求，交通系统及其运行过程，资源与环境体系的交通承载能力。

1. 交通运输系统的内部可持续发展

交通运输的可持续发展这一概念实际上包括两个方面的含义，一个是可持续性，另一个是发展性。所以在交通运输系统的内部可持续发展模型中，这两方面都应该有所体现。如果把交通运输看成是一个系统，那么该系统应该是三维的（图7–4）：

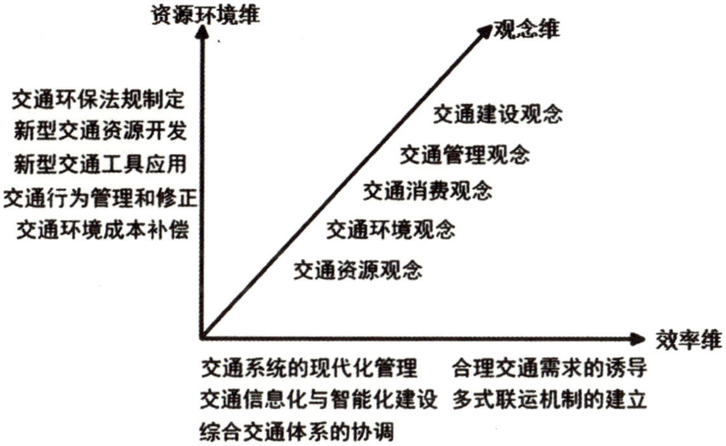

图7－4　交通运输内部可持续发展的构成

第一维是”观念维”，其中有五个方面：交通资源、交通环境、交通消费、交通管理和交通建设的观念转变。

交通运输发展的可能程度同样受到环境承载力水平的制约。对资源环境的超额索取一旦超过一定的允许阈值，交通运输将受到自然规律的惩罚。交通运输作为一项资源依赖性强、受环境影响显著的经济活动与社会性行为，同样要求与自然和谐共存。

环境为人类活动提供不可缺少的自然资源，是人类从事生产的物质基础。但是，交通运输会产生大量的废气、固体废物、油污、热量等，对环境造成严重污染。一旦排放到环境中的废物、废热超过环境容量及环境的自净能力,就不会有交通运输的可持续发展。

交通消费与管理，就是把人类需求和合理欲望的满足看成发展的主要目标，强调人类在分配资源和占有财富上的“时空公平”。

交通建设，是指运输基础设施水平、基础设施建设、运输能力、人们生活质量、交通运输的科技先进水平、交通运输从业人员素质和交通运输的管理调控能力。

第二维是“效率维”。人类不可能通过无限制地扩展设施和服务来满足运输的需求。挖掘潜力，提高效率，才能克服空间约束性的局限。因此“效率维”中包括：现代化管理、合理交通需求的诱导、信息化与智能化建设、多式联运机制的建立和综合交通体系的协调。

充分利用信息技术提高运输效率，进一步完善交通系统的管理。欧盟各国最大化地利用现有的设备，对其进行适当的管理和维护，并将大型基础设施网络升级，以有限的资源获得更多的收益，值得我们借鉴。

与此同时，要不断引入新技术，以改善运输工具性能，提高能源利用效率，降低能源消耗成本，特别要加强对替代燃料和可再生能源的研究，降低传统能源依存度，实现少占用交通资源的目的。

运输结构的优化是指真正按照各种运输方式的特点和优势来发展运输业，使各种运输方式扬长避短，既有分工又有协作，既有竞争又有配合，建立一个以节约运力为中心的资源节约型综合运输系统，以达到整体最优化的目的。

第三维是“资源环境维”。交通运输系统涵盖了政治、经济、社会和技术因素之间复杂的互动。只有在政策制定者能够为市场运营者提供良好的规划、充足的资金和合理的规章的情况下，行业才能顺利发展。因此，除了需要制定法律、法规、规划等外，还需要制定许多的政策，具体引导可持续发展的实践和行动。因此，这一维中包含交通环保法规制定、交通行为管理和修正、交通环境成本补偿等内容。

又鉴于运输活动离不开资源投入，运输与资源就形成了一个相互转化的循环过程。因此，新型交通资源的开发，新型交通工具的应用，是交通运输持续发展的基础。反过来，也要研究交通运输系统整体上对自然资源的占用和消耗量，进而考察各种运输方式以及运输设施的单位能耗与物耗。

2. 交通运输系统的外部可持续发展

根据交通运输系统所处的外部环境来考虑，其外部可持续发展应该主要包含交通运输的社会可持续发展、交通运输的经济可持续发展和交通运输的生态可持续发展三个方面。

资源与环境体系的承载能力决定社会经济发展规模的底线，交通运输的发展水平同样受承载能力水平的制约。交通运输作为一项资源对社会依赖性强，且环境对其影响显著的经济活动，必须遵从资源与环境体系的作用规律，何况社会经济生态复合系统的和谐统一，本身就是交通运输可持续发展追求的目标。交通运输系统可持续发展运行框架的三个主要模块及相互关系如图7-5

所示。从中可以看出，交通运输系统的存在与运行，得益于社会经济系统运行的投入与需求，同时对其产生直接的促进或限制作用。具体体现在：一方面，交通运输系统需要来自资源与环境体系的有效输入作为基本且必要的条件；另一方面，交通运输系统的发展不可避免的土地占用、环境污染等负面影响又给长期维持这种输入带来了威胁，形成交通运输系统和资源与环境体系之间的补偿与互动机制交相作用。

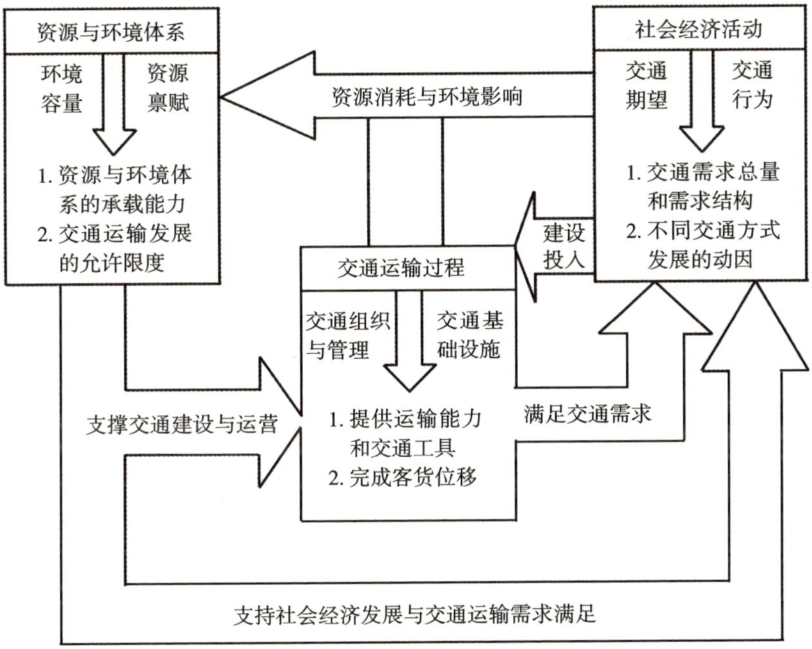

图7-5　交通运输系统可持续发展运行框架

二、交通运输系统可持续发展的运行原则

（1）以经济发展为中心的原则

十九大报告提出了建设“交通强国”的宏伟目标。过去人们总说，要想富先修路，如今这仍是一条不变的规律。路通百业兴，纵观交通运输及社会经济的发展进程，任何一个国家或地区都会优先发展交通运输业，它是国民经济的基础产业和先导产业，已经渗透到人类社会生活的各个方面。作为世界海运需求总量、集装箱运量、铁矿石进口量最大的国家，第二大原油进口国，最大

的锰矿、铜矿和铬矿进出口国，为保证经贸发展和进出口战略物资的运输，防止国际风云变幻对我国外贸运输的影响，海运作为我国社会经济发展的战略通道具有特别重要的意义。

（2）以人为本的原则

经济发展的目的是满足人们日益增长的物质生活需求。因此，交通运输的发展也是要满足人们不断变化的需求。在我国人民生活水平基本达到小康之后，人们的消费需求有了更多的选择，对生活质量的要求不断提高，出行支出在消费支出中的比例也呈上升趋势；人们不再满足于普通的客运服务，更加需要高质量的服务。因此，交通运输的发展要适应这种形势变化的需要，提供快速、准时、舒适和安全的服务，成为交通运输发展的原则之一。

（3）鼓励科技创新，加快人才培育的原则

加大水路交通学历教育，着力完善技能教育培训体系，开展多种形式的技能培训，大力推进职业资格制度改革，培养数量充足的高级船员和富有创新精神的技能型人才。还应加强节能减排技术研发和示范工程投入，鼓励港航企业采取多种措施减少能耗和排放等。

（4）提高整体竞争力的原则

交通运输对每种商品生产都是一种投入，并体现在商品的原料价格上。如果交通运输占生产成本的比例较大，商品价格就会提高，商品就会失去竞争力。因此，交通运输的发展要有利于降低成本，提高制造业的竞争力，并在整体上提高国家的竞争力。国际经验表明，尽可能完备和实用的基础设施，是决定一国参与国际竞争的能力的关键因素。

（5）以交通运输为龙头带动其他行业的发展

海运业是中国参与国际分工，形成国际竞争优势的重要组成部分。海运业的发展水平和便利程度，已经成为影响“中国制造”在国际竞争中成本优势的重要因素。过去日本经济能够腾飞，海运业就是其三大支柱之一。海运业在我国服务贸易中的地位仅次于旅游业，位列第二。海运业对我国经济的贡献，不仅体现在其本身所创造的产值，即直接经济效益，还表现在间接经济效益方面：由于海运业产业链条长，涉及行业门类多，所以其对金融、保险、咨询、代理、港口码头、仓储物流以及船舶修造、钢铁工业、装备制造等行业的发展和劳动力就业都具有很强的带动和促进作用。

（6）交通运输系统的生态可持续发展

海洋是支持海运业的基础，海运业因为海洋而存在并发展，海洋却因海运业的发展而饱受污染。船舶在营运期间排放的舱底油污水、油泥、油船的货油舱压舱水及洗舱水、油管及连接部位的漏油、油船或油柜进出油管漏油以及船舶失事造成的石油溢漏等等，使大量的石油、石油产品流入海洋，对海洋造成极大的污染，威胁海洋生物的生存。据估计，每年因人类活动进入海洋的石油达1000万吨左右，其中约1/3来自船舶。交通运输系统的生态可持续发展要求我们在推进交通运输发展的同时，合理配置资源，重视对生态环境的保护和资源的合理开发与利用，不因眼前利益而采取“掠夺”方式来促进交通运输的“繁荣”。最大限度地降低交通运输发展对生态环境质量的破坏水平，保持生态系统的相对稳定发展局面。建立运输效率最优而社会成本最低的健康发展模式，当然，这种发展模式必然需要更强有力的运输制度变革与科学技术创新作为依托。

（7）完善法规体系，规范海运市场

加快制定航道法、航运法等法律法规。制定与港口法配套的管理规定或实施办法，提高港口管理法规可操作性。探索制定自由贸易港区法和配套实施细则。在立法上仿照发达国家做法制定国际海运促进法，为我国海运发展战略规划的实施提供明确的法律依据和法律保障。还应完善重点物资运输保障机制，并制定产业安全评估规定和实施细则，完善执法和健全市场监督机制，创造公平的市场竞争环境。

营造良好政策环境，再造海运行业发展链条。政府相关部门应积极探索我国航运税制改革，使我国航运企业具有与国外竞争对手相当的经营环境。形成完整的政府、运输服务供给者、运输装备提供者、运输服务需求者、运输服务相关者的互动机制和互动体系，由单一企业参与国际竞争转变为海运产业链整体参与国际竞争。

（8）航线安全与国家安全

当国家由“内向型经济”转向与国际贸易的“外向型经济”后，国家安全空间便向海洋拓展，人们对国家海上安全也开始关注起来，这是不以人们的意志为转移的普遍规律。第一，国家海上安全是国家陆上安全的扩展，重点是国家的发展安全；第二，国家海上安全伴随经济全球化进程，必然动态地拓展国家的安全边界；第三，国家海上安全的地缘政治意义突出，其核心是海上战略控制；第四，国家海上安全主要依赖国家海上力量，发展和运用海军是应有之义；第五，国家海上安全寓于开放的国际空间，国际秩序与国际合作至关重要。

基于上述种种，关于国家安全与海上安全的统筹研究应作为一个复杂的系统工程，实现地缘战略从陆地向海洋的转型，必须提出具有中国特色的国家海上安全战略。

航线安全保障战略是国家大战略的子战略。从历史上看，世界海洋强国的国家利益几乎都是世界性的，而他们追求海洋利益的战略线大多是沿着海上航线而展开的，国家战略利益的获取也与其获得的海洋运输的控制权有着直接关联。可以说，能否有效利用和控制海洋运输，是国际上衡量一个国家影响力和其在国际事务中话语权和参与权的重要标志之一，控制海洋运输就可以控制海洋，控制海洋就可以控制世界。有效地维护海洋运输安全，既可以提升中国的大国地位，也可以间接提升中国的军事和经济实力，从而增强中国的综合国力与参与全球竞争的能力。

因此，我国应积极参与国际海运事务，充分发挥海运大国地位优势。积极参与有关国际公约的研究、制定、修订工作，实现与国际公约的良性互动，当前应特别深入研究《鹿特丹规则》的影响。交通运输部门应进一步加强与海军的协作，与其他国家合力开展打击海盗的行动，确保国际海上运输安全。

参考文献

[1]安宁．海上搜救模拟人的研究[D]．大连：大连海事大学，2009．

[2]艾力云，冯蔚然．古代最大港口——泉州港[J]．航海，1980（3）：1-3．

[3]安筱鹏，韩增林，杨荫凯．国际集装箱枢纽港的形成演化机理与发展模式研究[M]．地理研究，2000，19（4）：383-390．

[4]曹丽达．中国海洋经济可持续发展系统模型与战略研究[D]．上海：上海海事大学，2007．

[5]曹有挥，李海建，陈雯．中国集装箱港口体系的空间结构与竞争格局[J]．地理学报，2004，59（6）：1020-1027．

[6]陈航．海港地域组合及其区域的初步研究[J]．地理学报，1991，46（1）：480-487．

[7]陈继红．世界集装箱海运航线结构演进及其特征[J]．上海船舶运输科学研究所学报，2012，35（1）：7-12．

[8]陈双喜，王嘉，宋场．我国海运服务贸易逆差影响因素研究[J]．财贸经济，2011（2）：80-86．

[9]陈月英，王永兴．世界海运经济地理[M]．北京：科学出版社，2011．

[10]陈月英．世界海运经济地理格局的现状特征与发展趋势[J]．综合运输，2012（8）：48-52．

[11]范斐．世界海洋运输格局时空演化[D]．上海：华东师范大学，2014．

[12]樊孝鹏．西北太平洋及渤黄东海高分辨率环流数值模拟[D]．杭州：浙江大学，2005．

[13]陈飞．基于自组织理论的电信产业系统演化发展研究[D]．北京：北京邮电大学，2009．

[14]陈雪玫，蔡婕．我国海洋运输业集群的实证分析及政策建议[J]．海洋开发与管理，2008，12（25）：68-70．

[15]储永萍，蒙少东．交通运输业对上海国民经济影响的衡量分析[J]．科技与经济，2009（61）：69-69．

[16]高嵩．21世纪海上丝绸之路的时代价值纵论[J]．综合运输，2014（12）．

[17]邓为炳，郭龙，李炜等．关于世界海洋运输网效率和吞吐量研究[C]//第五届全国复杂网络学术会议论文（摘要）汇集，2009．

[18]高嵩，李清．建设21世纪海上丝绸之路与实施“海运强国”战略浅析[J]．世界海运，2014（10）．

[19]冯浩．“一路一带”战略下国际通道建设问题的思考[J]．综合运输，2014（10）．

[20]范斐．世界海洋运输格局时空演化[D]．上海：华东师范大学，2014．

[21]葛瑞．集装箱多式联运中转城市合理布局与路径选择研究[D]．北京：北京交通大学，2007．

[22]广东社科院海洋经济研究中心，新经济杂志社课题组．21世纪海上丝绸之路与广东海洋经济发展新思路[J]．新经济，2015（2）：44–52．
[23]韩立民，李厥桐，陈明宝．中国海洋服务业关联度分析及对策建议[J]．中国海洋大学学报（社会科学版），2010（1）：28–31．
[24]韩增林，安筱鹏．集装箱港口发展与布局研究[M]．北京：海洋出版社，2006．
[25]韩增林．集装箱港口运输体系的形成机制与布局研究[D]．长春：东北师范大学，2003．
[26]黄昌．海洋气象导航服务信息系统的设计与实现[D]．上海：华东师范大学，2010．
[27]黄跃峰．海上人命救助困难度评价[D]．大连：大连海事大学，2010．
[28]黄启臣，顾涧清．"北季南饶"两国学大师与丝绸之路研究[J]．岭南文史，2014（3）：9–12．
[29]何剑彤，李振福，李娜，等．我国海上战略通道安全影响因素的ISM分析[J]．上海海事大学学报，2012，33（4）：63–69．
[30]荻原秀树．最小嫌料消费航路犯朋寸石考察[C]//日本航海学会论文集．1985（72）：87–96．
[31]胡王玉，马仁锋，汪玉君．2000 年以来浙江省海洋产业结构演化特征与态势[J]．云南地理环境研究．2012，4（24）：7–13、24．
[32]姜华林．海上搜救中搜寻区域的确定模型研究[D]．大连海事大学，2011．
[33]贾大山．海运强国战略 [M]．上海 ：上海交通大学出版社 ，2013．
[34]贾大山，孙峻岩，罗洪波．中国石油海运通道安全评价与对策[J]．大连海事大学学报，2006，32（ 2）： 62–66．
[35]姜旭朝，张继华．中国海洋经济演化研究（1949—2009）[M]．北京：经济科学出版社，2012：149–154．
[36]靳志宏，邱波，赵芳．集装箱码头泊位资源动态配置优化[J]．中国航海．2011（3）：89–92．
[37]孔宪雷．港口经济系统演化与优化研究[D]．南京：河海大学，2005．
[38]李浩．海上搜寻包含概率的研究[D]．大连：大连海事大学，2011．
[39]李青，张落成，武清华．江苏沿海地带海洋产业空间集聚变动研究[J]．海洋湖沼通报，2010（4）：106–110．
[40]李厥桐．浅析金融危机对我国海洋交通运输业的影响[C]//中国海洋论坛论文集．2009（7）：169–177．
[41]李欠标．发展海洋经济和海洋运输的思考[J]．综合运输，2011（11）：66–70．
[42]李王鸣．港口城市国际研究主题的分析[J]．经济地理，2000，20（2）：14–17．
[43]李文欢．集装箱班轮运输的航线网络优化研究[D]．上海：上海海事大学，2007．

[44]李元奎．风力助航船舶航线优化模型及智能算法研究[D]．大连：大连海事大学，2014．
[45]梁芳．海上战略通道论[M]．北京：时事出版社，2011．
[46]廖萌．打造命运共同体携手共建21世纪海上丝绸之路——21世纪海上丝绸之路国际研讨会综述[J]．学术评论，2015（2）：54-65．
[47]廖国一．从北部湾出发的汉代海上丝绸之路研究述略[J]．广西民族研究，2014（5）：98-105．
[48]黎开谊．新亚欧大陆桥（中国段）经济带发展战略研究[D]．西安：长安大学，2004．
[49]黎飞．论气象导航在航海上的地位[J]．中国航海，2005（2）：28-31．
[50]刘中民．世界海洋政治与中国海洋发展战略[M]．北京：时事出版社，2009．
[51]刘国斌．东北亚桥头堡群构建的战略研究[J]．东亚论坛，2015（2）：93-102．
[52]刘传标．打造 21世纪海上丝绸之路桥头堡的政策思考[J]．福建理论学习，2014（9）：26-28．
[53]刘烽，等．船舶自行气象导航的研究[J]．中国航海，1992，31（2）：24-31．
[54]刘烽，杨广治，李春宝．船舶气象导航最省燃料航线研究[J]．中国航海，1994（1）：8-15．
[55]刘光生．非结构网格下河流对近岸水环境影响的数值模拟[D]．大连：大连理工大学，2010．
[56]陆琪．世界海运地理[M]．上海：上海交通大学出版社，2011．
[57]罗萍．我国港口经济与临港产业集群的发展趋势[J]．综合运输，2010（12）．
[58]吕刚．基于的海上搜救辅助决策系统研究[D]．大连：大连海事大学，2005．
[59]马立强．中国经济发展及其对国际海运业的影响[J]．港口经济，2004（5）：25-26．
[60]欧阳．海上失控船舶漂移模型研究[D]．大连：大连海事大学，2008．
[61]彭丽，朱意秋．我国海运业发展的国际比较[J]．综合运输，2008（5）：70-73．
[62]钱纳里．工业化和经济增长的比较研究[M]．上海：上海三联书店，1995．
[63]裘克勤．国际贸易港口[M]．北京：人民交通出版社，1996．
[64]邱波．中远特种船运输发展战略研究[D]．大连：大连海事大学，2008．
[65]任强．当前我国海运业的发展状况与对策[J]．大陆桥视野，2010（8）：52-54．
[66]曲金良．八千年海洋的述说[J]．中国报道，2010（10）：38-48．
[67]申现杰，肖金成．国际区域经济合作新形势与我国“一带一路”合作战略[J]．宏观经济研究，2014（11）：30-37．
[68]司徒杰等．海洋气象导航航线优选程序[J]．海军大连舰艇学院学报，1986，22（2）：1-14．
[69]宋德星．基于国家安全的我国国际海运网络治理模式探讨[J]．中国行政管理，2008（8）：20-22．

[70]苏倩．海洋运输业对海洋经济增长的贡献度[D]．上海：上海海事大学，2007．

[71]孙吉亭，孟庆武．山东半岛蓝色经济区海洋主导产业选择研究[J]．中国渔业经济，2012，3（30）：90-96．

[72]孙光圻．国际海运政策[M]．大连：大连海事大学出版社，1998．

[73]王婷婷．上海海洋产业发展现状与结构优化——基于灰色系统理论的分析[J]．农业现代化研究所，2012，33（2）：145-149．

[74]田明，樊杰．新产业区的形成机制及其与传统空间组织理论的关系[J]．地理科学进展，2003，22（2）：186-194．

[75]佟家栋．国际贸易理论的发展及其阶段划分[J]．世界经济文汇，2000（6）：39-44．

[76]万红先，戴翔．我国海运服务贸易竞争力的国际比较[J]．国际商务，2007（1）：59-64．

[77]王爱虎．从海上丝绸之路的发展史和文献研究看新海上丝绸之路建设的价值和意义[J]．华南理工大学学报（社会科学版），2015，17（1）：1-14．

[78]王成金，C SARDUCMET．现代集装箱港口体系演进理论与实证[J]．地理研究，2011，30（3）：397-410．

[79]王成金，金凤君．中国海上集装箱运输的组织网络研究[J]．地理科学，2006，26（4）：392-401．

[80]王成金，于良．世界集装箱港的形成机制演化及与国际贸易的锅合机制[J]．地理研究，2007，26（3）：557-568．

[81]王成金．全球集装箱航运的空间组织网络[J]．地理研究，2008，27（3）：636-648．

[82]王成金．世界航运企业重组及其对航运网络结构的影响——兼论对中国港口体系的影响[J]．世界地理研究，2008，17（1）：94-118．

[83]王成金．现代港口地理学的研究进展及展望[J]．地理科学进展，2008，23（3）：243-251．

[84]王成金．中国港口分布格局的演化与发展机理[J]．地理学报，2007，62（8）：809-820．

[85]王腾．中国海洋经济发展效率及其可持续性研究[D]．武汉：华中师范大学，2013．

[86]王焕．我国海上搜救情况浅析[J]．天津航海，2010（3）：59-61．

[87]王历荣．全球化背景下的海上通道与中国经济安全[J]．广东海洋大学学报，2012，32（5）：1-7．

[88]吴传钧，侯锋．国土开发整治与规划[M]．南京：江苏教育出版社，1990．

[89]无迪．21世纪海上丝绸之路的哲学反思[J]．大视野，2015（3）：36-47．

[90]巫大健．海上丝绸之路时期泉州多宗教文化共存现象的原因及特征探析[D]．乌鲁木齐：新疆师范大学，2013．

[91]吴征宇. 海权与陆海复合型强国[J]. 世界经济与政治，2012（2）：38–50.
[92]吴中鼎，钱成春，孙芳. 海洋环境信息在海上搜救中的应用[J]. 海洋测绘. 2008（5）：23–27.
[93]肖方兵. 海上搜救决策支持系统关键技术的研究[D]. 大连：大连海事大学，2011.
[94]许志远. 国家海上搜救能力评价及对策研究[D]. 大连：大连海事大学，2007.
[95] 徐雯梅. 我国海上搜救现状及建议[J]. 水运管理，2009，31（8）：35–38.
[96]徐弊，金凤君，王成金. 集装箱环球航线的枢纽区位优化[J]. 地理学报，2008，63（6）：593–602.
[97]须田建，等. 冬季北太平洋上空高层气象七波浪分布[J]. 航海，1984，81：25–36.
[98]杨良华. 船舶气象导航的安全性与经济效益[J]. 海洋通报，1988，7（1）：108–114.
[99]杨仲林. 基于模糊积分的海上救助分级方法研究[D]. 大连：大连海事大学，2007.
[100]于卫红. 海上搜救中搜寻区域确定方法研究[D]. 大连：大连海事大学，2006.
[101]叶佳. 我国航运业的国际竞争力分析[J]. 综合运输，2005（11）：61–65.
[102]于宛舒. 中国海洋交通运输产业演化机制研究[D]. 青岛：中国海洋大学，2013.
[103]于谨凯，于海楠，刘曙光，单春红. 基于“点—轴”理论的我国海洋产业布局研究[J]. 产业经济研究，2009，2：55–62.
[104]余鹤书，谷美荣，许小峰. 在风浪场中船舶运动失速特征[J]. 气象学报，1990，1（3）：294–297.
[105]于良，金凤君，王成金. 国际贸易空间格局特征及其驱动因素[J]. 2006，25（5）：112-119.
[106]余密林. 对建设21世纪海上丝绸之路的若干思考[J]. 发展研究，2015（2）：16–18.
[107]王海运，赵常庆，李建民. “丝绸之路经济带”构想的背景、潜在挑战和未来走势[J]. 欧亚经济，2014，4（14）.
[108]约瑟夫·M，毕晓普. 应用海洋学[M]. 李景光山，广林，等译. 北京：海洋出版社，1998.
[109]朱意秋，陈倩倩. 海洋运输强国与航运自由化[J]. 中国海洋大学学报：社会科学版，2010（3）：36–39.
[110]张建，新郑超. 海上遇险人员搜救方法探讨[C]//救捞专业委员会2003年学术交流会论文集. 2003：7–13.
[111]中华人民共和国交通运输部. 2012年公路水路交通运输行业发展统计公报[R]. 交通运输部综合规划司，2013.
[112]张月锐. 海洋交通运输业发展战略研究[J]. 理论界，2008（5）：236–238.
[113]张梦铄. 环渤海地区港口海上交通运输复杂网络演化研究[D]. 大连：大连海事大学，

2011.
[114]张萍，杨勇．港口经济系统演化及其机制分析[C]//可持续发展的中国交通——2005全国博士生学术论坛（交通运输工程学科）论文集（上册）．2005（7）：197-201.
[115]张萍．港城互动的系统动力学模型研究[D]．南京：河海大学，2006.
[116]郑辉．我国港口竞争力及其演化的理论与方法研究[D]．天津：天津大学，2007.
[117]郑志来．东西部省份“一带一路”发展战略与协同路径研究[J]．当代经济管理，2015，37（7）：43-47.
[118]张涛．我国海洋产业布局演进的动力机制研究[D]．青岛：中国海洋大学，2011.
[119]中国船东协会．加入WTO对我国航运业的影响及对策建议[J]．水运管理，2000（1）：8-11.
[120]张勇．海洋交通运输业自身竞争力有待提升[N]．人民政协报，2012-5-22（B02）.
[121]赵枫．入世后WTO海运框架对中国海运业的影响研究[D]．青岛：中国海洋大学，2004.
[122]邹燕云．我国海洋产业发展现状及趋势预测研究[D]．青岛：青岛大学，2010.
[123]朱意秋，陈倩倩．海洋运输强国与航运自由化[J]．中国海洋大学学报：社会科学版，2010（3）：36-39.
[124]中国航海史研究会．水运发展历史——史诗般的巨幅长卷[J]．世界海运．2010（7）：11-12.
[125]周洪军，郭越．我国主要海洋产业发展规模预测分析[J]．海洋通报，2007（6）.
[126]周长山．“海上丝绸之路”概念之产生与流变[J]．广西地方志，2014（3）：47-51.
[127]周中坚．古代泉州港兴衰史浅探[J]．天津师院学报，1981（4）：71-76.
[128]赵崇．大连港集装箱运输发展战略研究[D]．大连：大连海事大学，2012.
[129]赵学洋，周云山．数值预报产品在西南太平洋船舶导航中的应用[J]．海洋预报，2013，30（5）：69-73.
[130]牟林，宋军，李欢，等．一种海上搜救目标漂移路径的预测方法：CN103366227A[P]．2013-10-23.
[131]王道生，刘晓东，庄海东．一种改进的海上搜救区域预测方法及系统：CN105653826A[P]．2016-06-08.
[132]魏思涵，焦鹿怀，黎琪，等．基于高频地波雷达的海上人员搜救辅助决策系统[J]．中国电子科学研究所学报，2017，12（5）：540-545.
[133]肖方兵．海上搜救决策支持系统关键技术的研究[D]．大连：大连海事大学，2011.
[134]张哲，张守月．美国海上搜救体系解析[J]．中国应急救援，2011：45-48.
[135]任佳盈．海上搜救的最优规划与方法[J]．天津航海，2016（3）：58-61.
[136]郭晓．美国海上搜救体制[J]．环球救援资讯，2014（10）.

[137]郑晴，王冰，程宇新，吴建军．全球卫星搜救系统及其发展现状[J]．卫星应用，2015（10）：29-31．

[138]张铁男．中轨卫星搜救系统演示评估测试计划[J]．中国航天，2013（4）：24-28．

[139]史喜军．交通运输可持续发展理论与应用研究[D]．南京：河海大学，2004．

[140]王博研．海上搜救最佳区域研究[D]．大连：大连海事大学，2016．

[141]李克让，林贤超，吴忠祥．大洋风应力和风场的计算与分析地理研究[J]．1994，13（3）：46-51．